完全図解！

飛ばすゴルフスイング

プロゴルフコーチ
菅原大地

はじめに

飛ばすゴルフスイングを手に入れるために――

ボールを遠くに飛ばすことは、ゴルフの魅力のひとつと言っていいかもしれません。実際、大きい練習場で打っているときは、遠くまで飛ばしたい、あるいはネットに当てたい、といった欲求が出てきます。広い場所であればあるほど、ボールが遠くに飛ぶのは気持ちのいいものです。

私の場合、ほかの人より身体が細く、体重も軽くて力もなかったため、うまく飛ばすためには、いかに自分の持っている力を無駄なく伝えるかを考え、それが「最大効率」という言葉につながっていきました。

もちろん、力があるほうがボールを飛ばすうえではアドバンテージがあるのは事実です。ただ、私より力がある人全員が、私よりも飛ばせるかといったらそうではありません。力はあくまでもプラスアルファの部分であり、まずはスイングの効率をよくすること、基礎的な動きを身につけることが、飛距離アップにつながってきます。

ゴルフは必ずしも運動神経に優れている人がうまいわけではありません。

ほかのスポーツの経験が生きてくることがある半面、その常識が通用しないことが多いのもゴルフの特徴です。多くのスポーツはやった分だけ上達するところが、ゴルフは打てば打った分だけクセを強くして悪くなることもあります。自分の常識に当てはめていては、上達、飛距離アップは望めないのです。

上達に悩んでいる人の多くは、自分の感覚のみに頼っています。間違った形でやり続けることは、上達への遠回りになってしまいます。そんな壁に当たっているという人は、イチから学ぶつもりで本書を読んでいただければと思います。ゴルフを始めたばかりの方にとっても、基本づくりとして読んでもらいたいです。とにかく、ゴルフがうまくなりたいという方に手に取ってもらえると幸いです。

本書では飛ばすことをテーマに、効率のよい身体の使い方、それを実現するための形づくりやドリルを紹介しています。そして、さらに飛距離を伸ばしていくためのフィジカルトレーニングや、自分に合ったクラブ選びの部分まで網羅しています。

飛距離アップのヒントが詰まった本書で、飛ばすゴルフスイングを手に入れてください。

contents

本書に登場する主なゴルフ用語

アドレス ―― ボールを打つための構え（姿勢）
アッパーブロー ―― クラブヘッドが最下点を過ぎたあと、上昇を始めたところでボールを打つこと
アンダースペック ―― クラブが軽すぎたり、シャフトが柔らかすぎたりすること
インパクト ―― クラブのフェース面がボールに当たる瞬間のこと
壁 ―― スイング時、体重移動によって身体が左右に流れすぎないようにするための意識
スライス ―― ボールが右方向に曲がる球筋のこと
ダウンスイング ―― 振り上げたクラブを、ボールを打つために下ろす動作
ダウンブロー ―― クラブヘッドが最下点より前、つまり下降している途中でボールを打つことで、最下点がボールより前（ボールが飛び出す方向）になる
ダフる ―― ボールの手前の地面にクラブが当たってしまうこと
テイクバック ―― スイングの始動時、クラブを上げ始める動き
トップ ―― バックイングをおこないクラブが頂点に達したところ。本書においてはトップと表現せず、バックスイングからダウンスイングへの「切り返し」としている
トップする ―― ボールの上半分を打ってしまうこと
ドロー ―― 右方向に飛び出して左に戻ってくる球筋のこと。ドローボールともいう
バックスイング ―― テイクバック以降、クラブを上昇させる動き
ハンドファースト ―― グリップ（手元）の位置がヘッドの位置よりも目標方向にある状態のこと
フィニッシュ ―― スイングを終えたあとの構え
フォロースルー ―― ボールを打ったあとの動きのこと
ミート率 ―― どれだけ効率よくボールを打てているかの値。「ボールの初速」を「ヘッドスピード」で割って算出される
リリース ―― ダウンスイング時、曲がった状態の両手首をボールを打つために元に戻すこと。早めに戻してしまうことを「アーリーリリース」という
ロングサム ―― クラブを握る際、左手の親指がグリップに沿って長く伸びている状態。逆に短い状態を「ショートサム」という

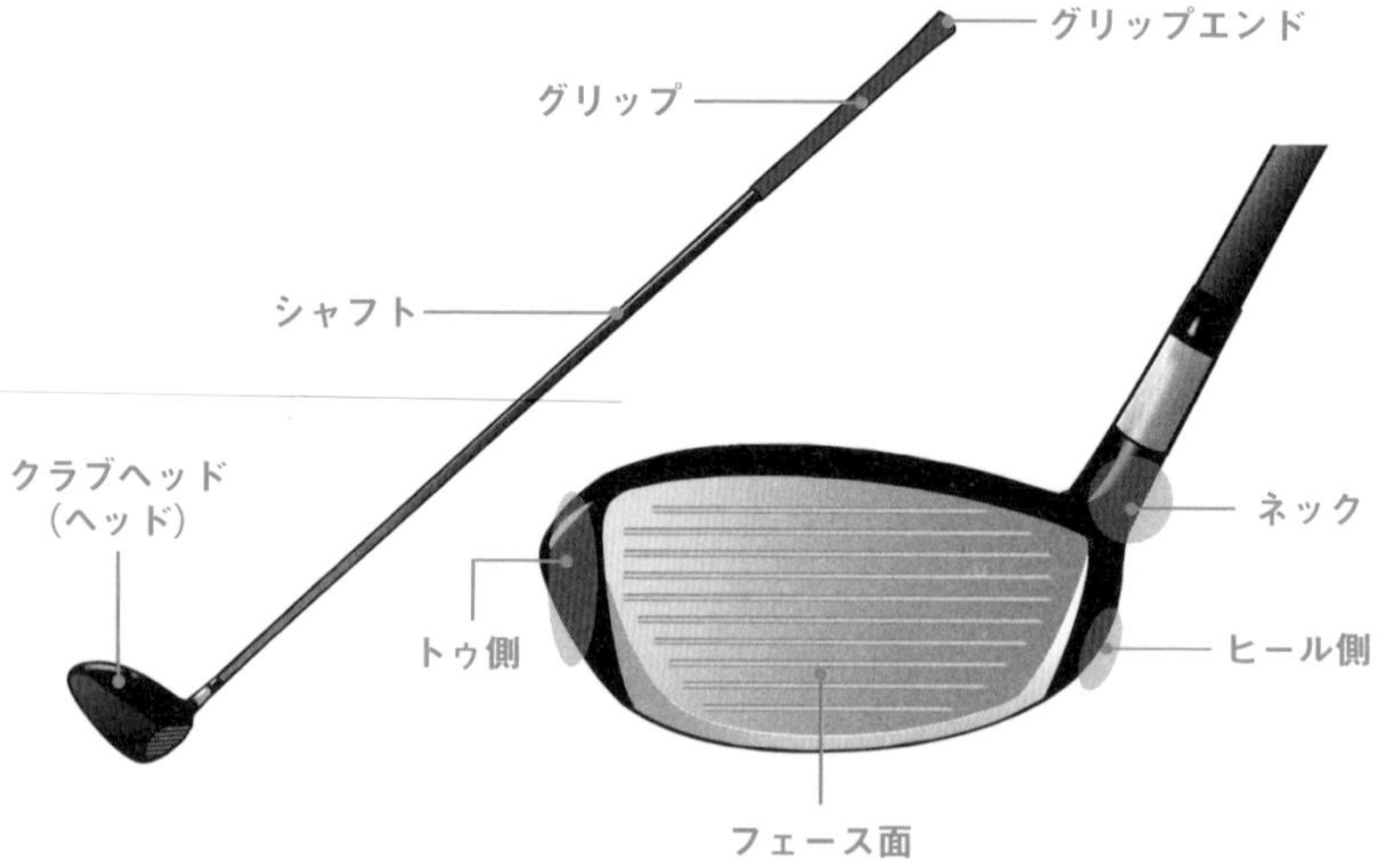

本書内のレッスンカリキュラムは、プレーヤーが右利きであると仮定して解説されています。
左利きの方には大変申し訳ありませんが、表記されている“右”と“左”を逆に解釈する必要があります。

第1章

スイングをつくるための考え方

第1章
スイングをつくるための考え方
—1

「最大効率スイング」をつくるふたつのテーマ

メカニズムの効率をよくするスピードを上げていく

ボールをより遠くに飛ばすための「最大効率スイング」をつくっていくには、大きく分けるとふたつのテーマがあります。ひとつは、動き、構造を知り、メカニズムの効率をよくすること。そしてもうひとつは単純に、スピードを上げていくということです。効率のよい当て方、スイングのメカニズムを知り、そのスピードを上げていけば、必然的に飛距離は伸びていきます。

言葉で言うのは簡単ですが、実際におこなうのは簡単ではありません。これまでレッスンを見てきた傾向で言うと、大半の人がメカニズムのほうで効率を落としています。グリップやアドレス、スイング軌道など、いずれかの形が原因で飛距離が出ないという人は本当にたくさんいます。

構えやスイングのつくり方、あるいは練習方法はのちの章で紹介していくので、ここでは最初に知っておくべき考え方をお伝えしていきます。

頭で理解してもクセは簡単に直らない

実際のレッスンでは、たとえば、左右どちらであってもボールが曲がってしまうという問題を抱えている人の場合、まずはボールが曲がるメカニズムを説明します。

ボールの飛び方は、当たった瞬間のクラブフェースの向きと、スイング軌道の組み合わせで決まります。フェースの向きでボールが飛び出す方向が決まり、スイング軌道で曲がる方向が決まります。この理論に基づき、ボールが左右に曲がってしまう方のスイングを矯正するために、反対の動きを取り入れていきます。

ここで問題となるのが、形やメカニズムを説明して頭で理解しても、そのまま修正できるわけではないということです。

これは素振りでも同じです。「クラブはこう動かしましょう」「ここまで上げてみましょう」と教えても、すぐには修正できません。本人は言われたとおりにやっているつもりでも、クセというのは想像以上のしつこさがあるのです。

　まずは「クセは簡単には直らない」という事実を理解してもらうことが、スイングを変えていくための大事なポイントとなります。本人がそれを認識しない限り、よい練習法には変わっていかないからです。

　クセは思っている以上に厄介だということに気づけた人は、素振りを多く取り入れたり、ボールを打つ前の確認作業を増やしたり、練習への取り組み方が変わってきます。

　素振りに関しても、テイクバック

クセは簡単には直らない

時のヘッドの位置を、動作を止めて確認したり、フェースアングルを見たり、セルフチェックを細かくやっていかなければ、スイングを変えることはできません。こうしたマインドや習慣を手に入れて、チェックポイントを自分で見極められるようになれば、必ずスイングは進化します。

振りやすいスイングがよいスイングではない

クセは簡単には直らないことを理解したうえで、メカニズム、形づくりに入っていきます。

もうひとつ最初に知っておいてほしいのは、自分が振りやすいスイング＝よいスイングではないということです。

振りやすいということは、身体のどこにも負荷がかかっていないということ。負荷がなければ気持ちよく

よいスイングは必ず身体に負荷がかかっている

振り抜くことができると思いますが、よいスイングとは自分の身体を好き勝手に動かして楽に振るスイングではありません。

たとえば、ただ腕を上げるだけのバックスイングなら身体に負荷はかかりませんが、最大効率を生み出すことはできません。最大効率を生み

出すには、バックスイングの切り返しの瞬間にお腹や右脚に力が入り、苦しくてこれ以上身体をひねれなくなったところで回転するから、ヘッ

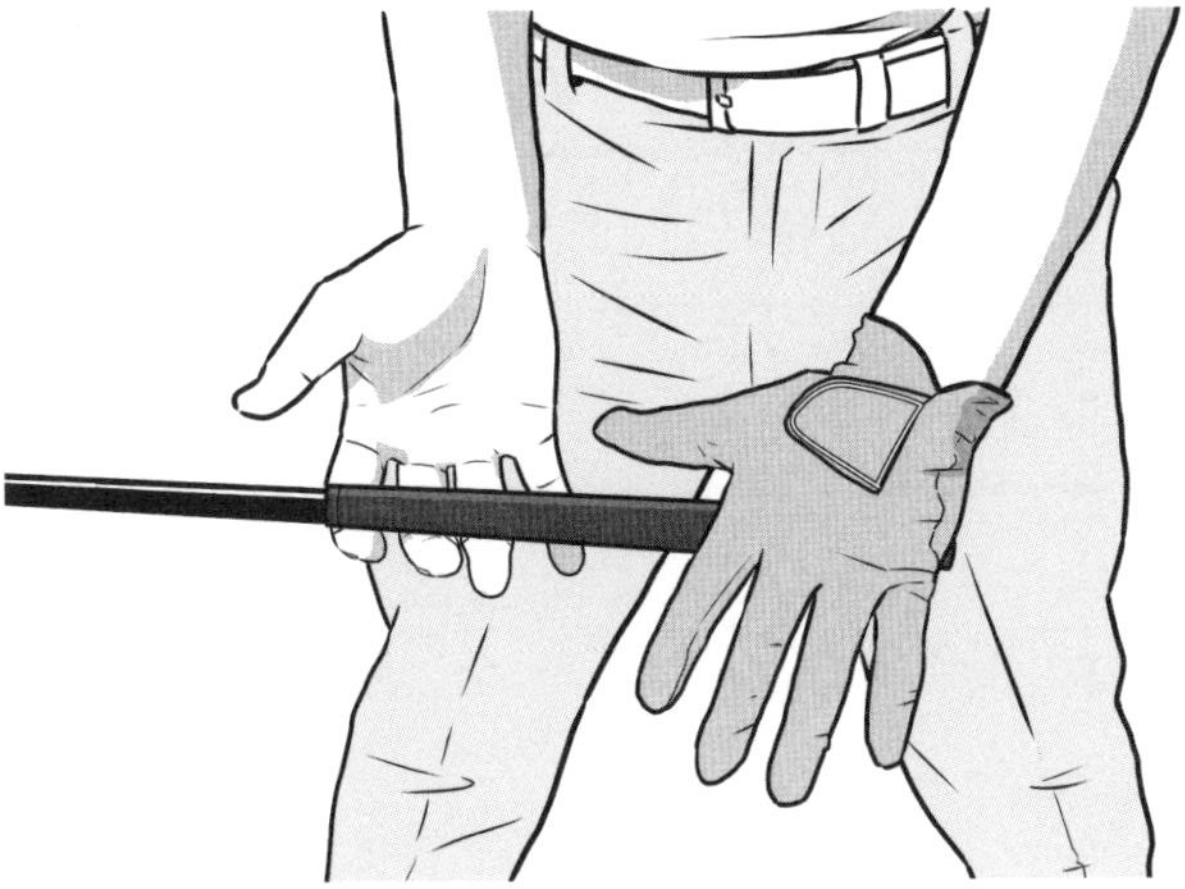

グリップのエラーを正すことが大事

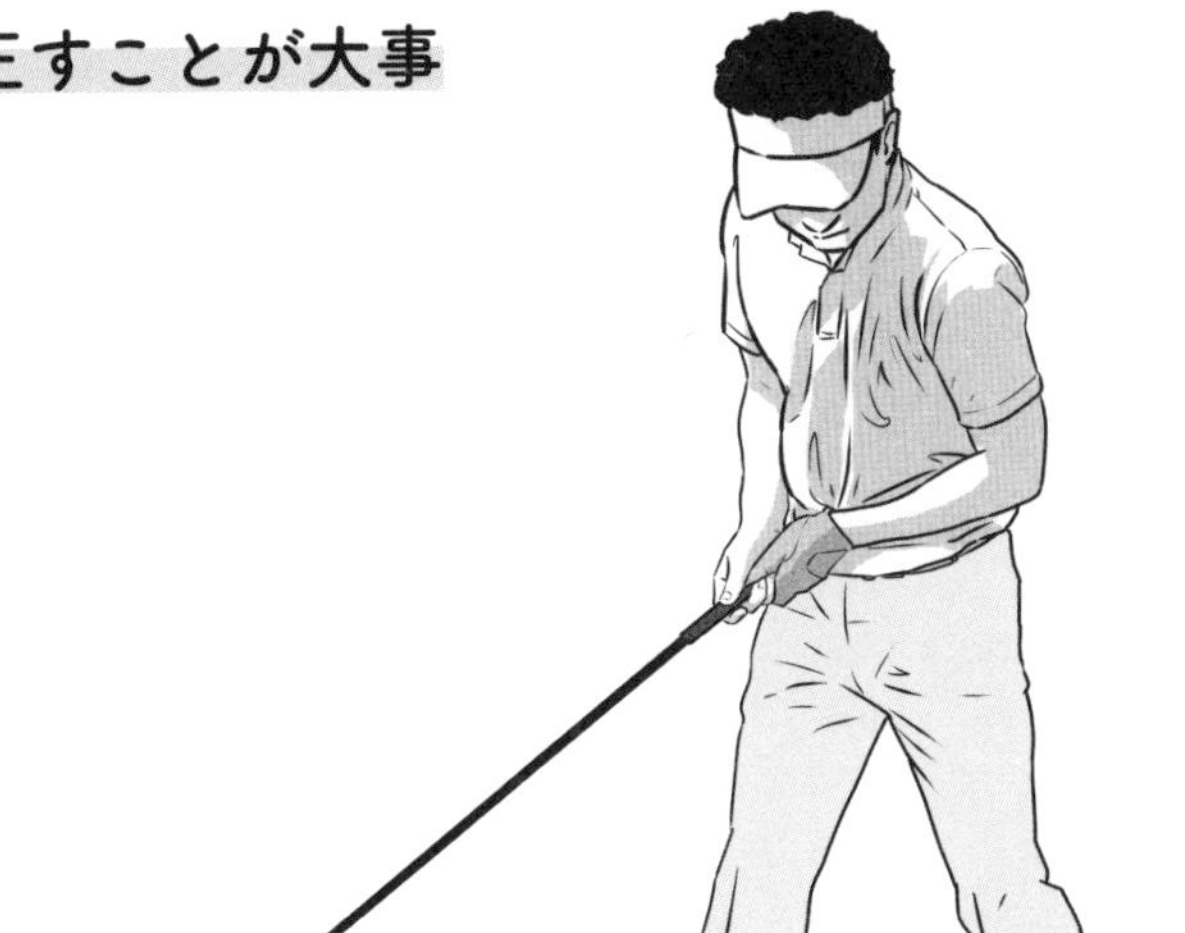

小さい動きからスイングをつくっていく

ドスピードが上がるわけです。このように、よいスイングは必ず身体のどこかに苦しさが存在するのです。

　振りやすいように振っていたら、メカニズムとしてはよいとは言えず、最大効率を生み出すことはできません。個人差はあっても、ゴルフのスイングは基本的に疲れるもの、苦しいものだということを覚えておいてください。

素振りで スイングスピードを上げる

小さい動作から形をつくる スピードアップには素振り

　初心者の方に多いのがグリップのエラーです。身体をうまく使えるグリップになっておらず、手打ちをするためのグリップ、構えになっている場合がほとんどです。

これを修正するために、手だけで上げづらいグリップをつくって、腕の動きに制限をかけ、身体で打っていくという感覚をつかむ練習をしていきます（やり方は第2章で紹介）。

いきなりドライバーでフルショットをすると、クセが濃くなってどんどん形が崩れていってしまうので、まずは小さい動きから形をつくっていきます。腕・クラブと身体を一体化させ、腰幅くらいのスイングで、軌道やよい当たり方の感覚をつかまないと、そこから先には進んでいけません。

小さい動作、30ヤードくらいの距離でも、しっかり最大効率で打つことができたら次の段階となり、今度はスピードを上げていきます。

クラブをボールに当てようとすると、身体を硬直させ、緊張させることになり、逆にスピードが出なくなります。ボールを打てば打つほど身体はそこに合わせる動きをして、スピードが出なくなります。スイングスピードを上げようと思ったら、ボールを打つよりも、素振りがとても重要なのです。

スイングスピードを上げるメカニズムとしては、身体を伸ばして捻転差をつくり、体重移動が大きくなって右から左へ回っていく力が強くなるから、結果的にスイングスピードが速くなるわけです。

ゆっくりした動きで構わないので、素振りではチェックポイントをつくりながら、筋肉の張りや伸びを確認し、徐々にスピードを上げていきましょう。

自分に合ったクラブを使う 道具選びも大事

形ができて、スピードもある程度出せるようになれば、飛距離は間違いなく伸びていきます。本書のテーマである飛距離を伸ばすという部分でいうと、さらなる飛距離アップには道具選びも大事になってきます。

うまくなっていくと、それまで使っていたクラブと技術とが釣り合わなくなる場合があります。

よいショットを打ったときのスピン量や打ち出し角度、ミート率など、現在は弾道測定器などでデータを見ることができます。最大効率はミート率が1・45以上。どんなにスイングがよくても、道具が合っていないと、1・4後半の数字は出ません。

数字からクラブが合っていないと感じたら、フィッターの方やプロの方に相談することをオススメします。

自分に合っていないクラブに合わせてナイスショットをしようとすると、本来のスイングが崩れてしまう場合があります。最大効率の形はそれぞれのクラブが持っているので、こうしたことへ意識を向けることも重要なポイントになります。

自分のポテンシャルを高めていくトレーニングやストレッチも不可欠

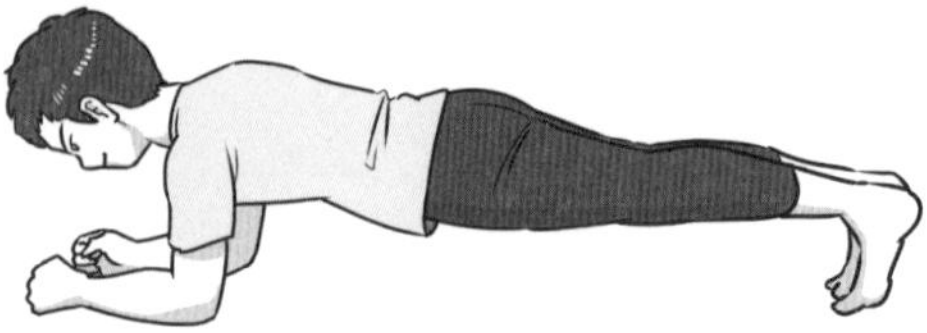

ストレッチや筋トレで自分のポテンシャルを上げる

動きにも道具にも問題がないところから、さらに飛距離を伸ばそうと思ったら、自分のポテンシャルを上げていくしかありません。日々のストレッチや筋トレ、フィジカルコンディションを整えていくことも必要になります。

年齢を重ねれば重ねるほど、身体は硬くなっていきます。肩回りを動かす機会がなかったり、無意識に悪い姿勢になっていたりすることも多いと思います。身体が硬いという方はストレッチで可動域を広げていくことで変化も出てくるはずです。

また、お腹に力を入れて歩くようにしたり、ハムストリングに力がかかるように歩いたりと、日常生活の中でできることをやること、地道な努力の積み重ねが、ゴルフスイングによい影響を及ぼします。

スイングは急には変わりません。日々の積み重ねが大事だということを頭に入れて、心技体、道具、すべてをレベルアップしていって、最大効率を実現させましょう。

第2章

完全図解！
構えとグリップ

第2章
構えとグリップ
—
1

グリップのポイントと注意点

グリップができていないと打つときのエラーにつながる

　グリップは身体とクラブをつなげる役割があり、飛距離が出るショットを打つためにはとても重要です。目的はクラブがしなって、シャフトにねじれがかかることなので、グリップはそのための準備となります。

　手や肩に力が入りやすいグリップになっていると、上げるときにエラーが起きたり、振るときにエラーが起きたりしてしまいます。

　初心者であればあるほど、グリップの握りがよくないケースが多く見られます。ドライバーに限らず、どの番手でも、手打ちをするためのグ

Step 1 小指から中指の3本で挟む

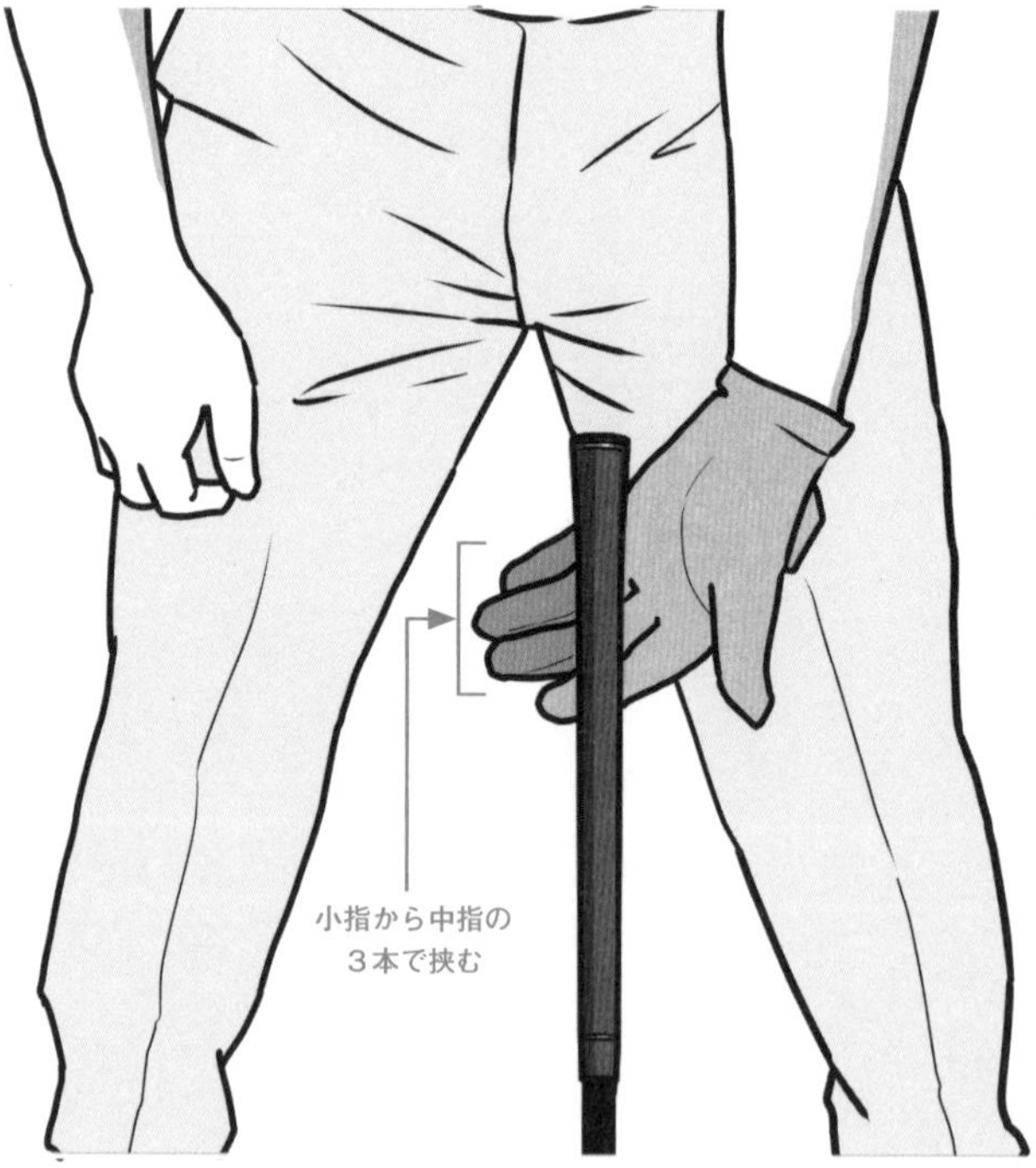

リップになってしまっているのです。

身体でクラブを上げていくためのグリップになっておらず、手だけでクラブを上げていくことになる。それでは身体のねじれを使えないので、飛距離は出ません。

手打ちになってしまうグリップの方に、身体をうまく使えるグリップを教えると、「持ちづらい」「動きづらい」と言われることがほとんどです。これは、元々が手打ちになりやすい握り方で、手を回して打っていたものが、手を回せなくなったからで、打ちづらくなるのは当然です。手だけでは上げづらいグリップをつくって、身体で打つ感覚を身につけましょう。

理想のグリップは、肩・腕・クラブの一体感が生まれる持ち方です。そのポイントは「左手は押す」「右手は引く」の形です（P20で解説）。

Step 2 親指と4本指でできたVの字が右脇を指す形

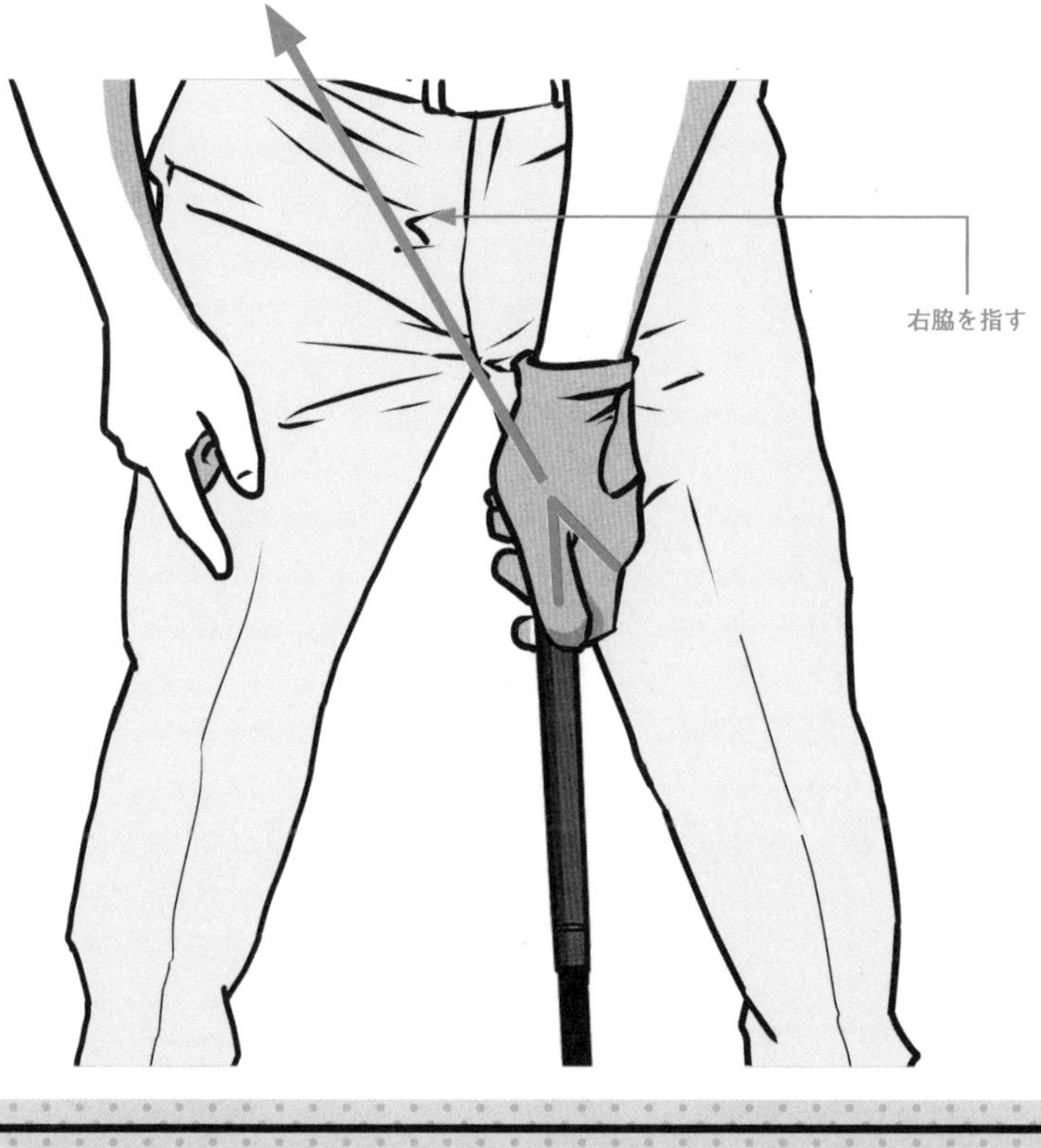

Step 3 右手の人差し指、中指、薬指を引っかける

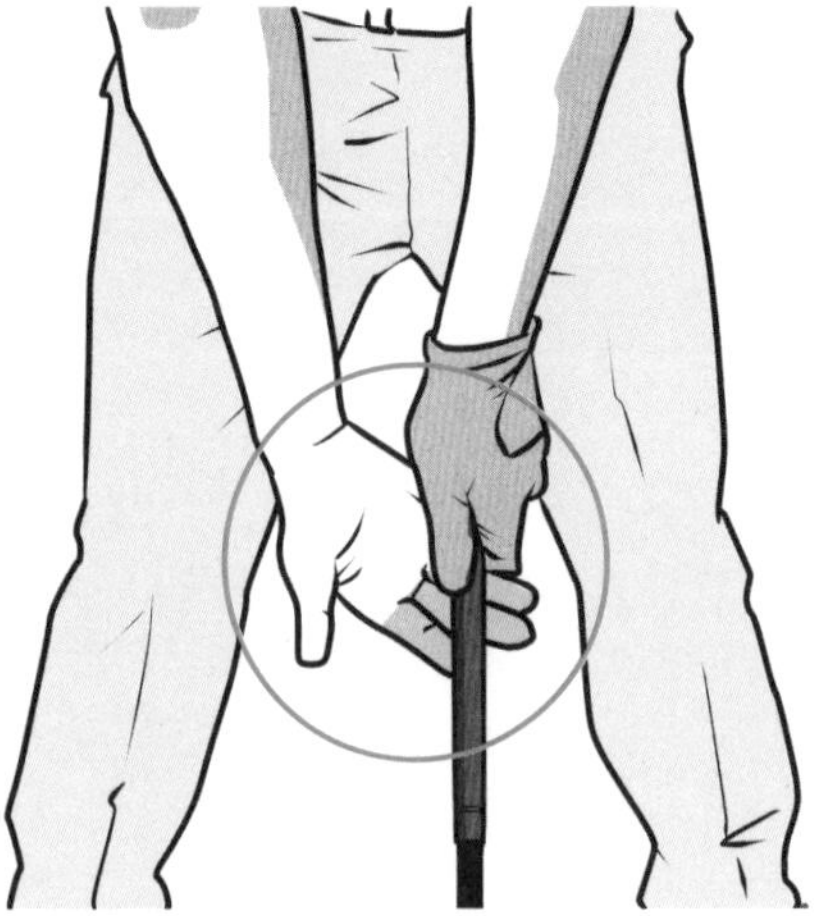

Step 4 親指を置いて完成

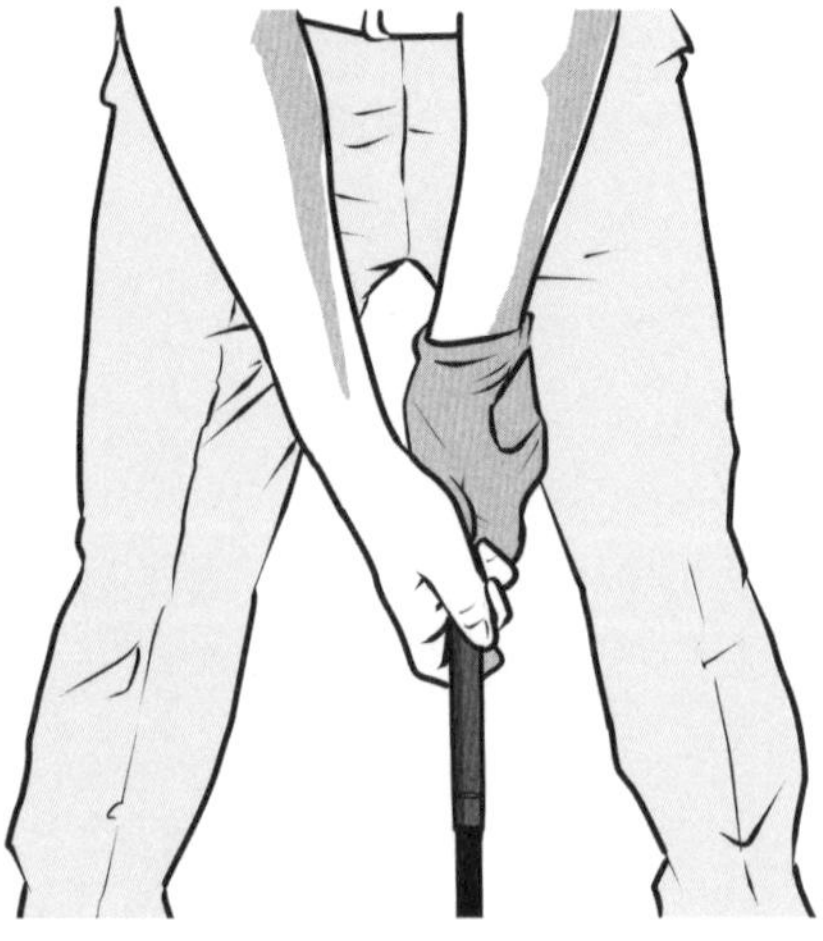

左手は押す力が働きますが、主に圧を感じるのは小指から中指までの3本です。人差し指と親指は外れても打てるくらいの感覚でいると、手首を柔らかく使えます。

右手は握るのではなく、引っかけるイメージです。中指、薬指の2本の第二関節あたりをグリップに引っかけて、そこに「引く力」が働きます。左手同様、この形であれば、力むことなく手首を柔らかく使えます。

別角度

グリップを別角度から。ヘッドの遠心力を生かしやすいグリップ

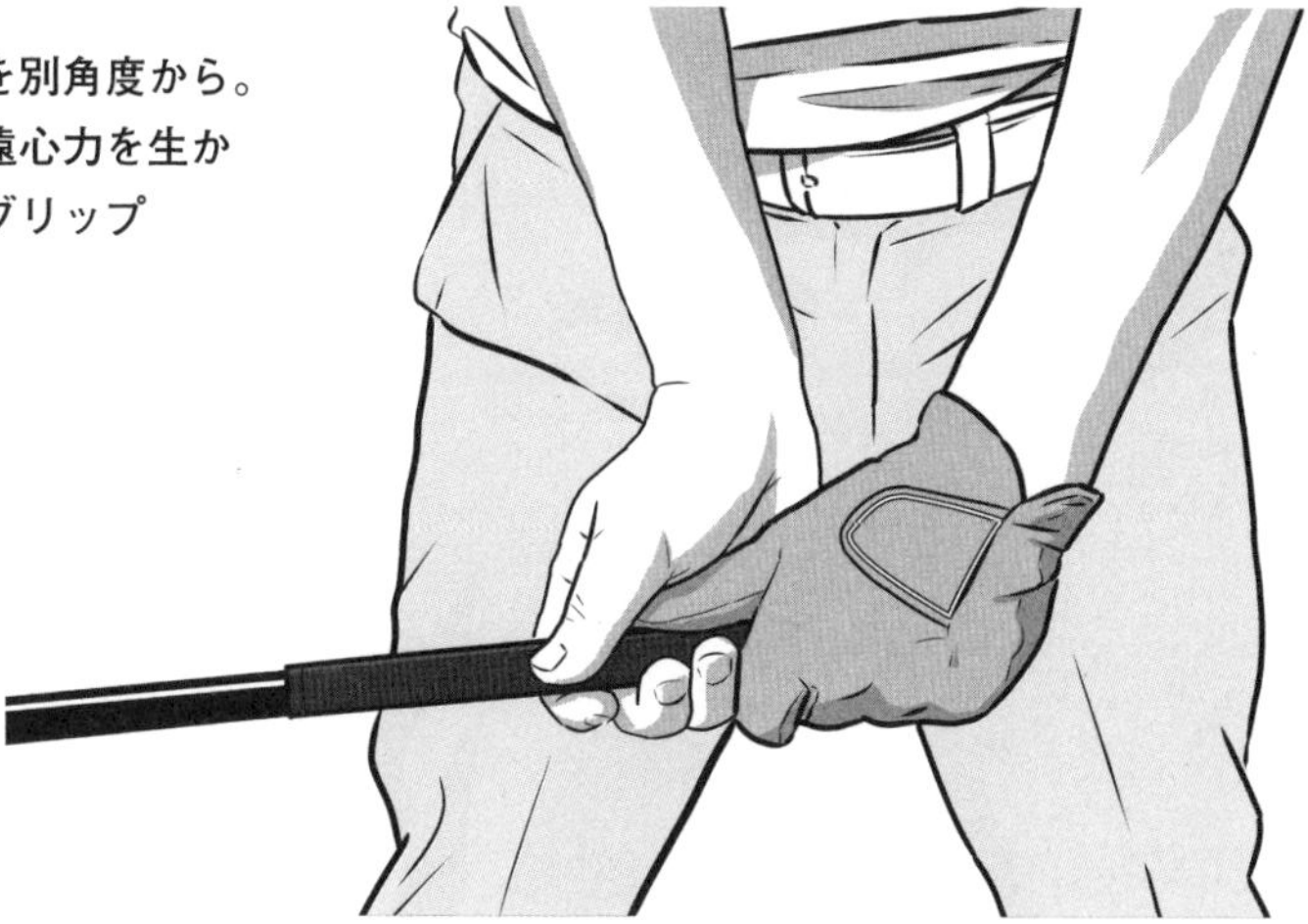

NG

手首がロックする

両手の親指が伸びたロングサムで握ると、手首がロックしやすくなってしまうので注意！

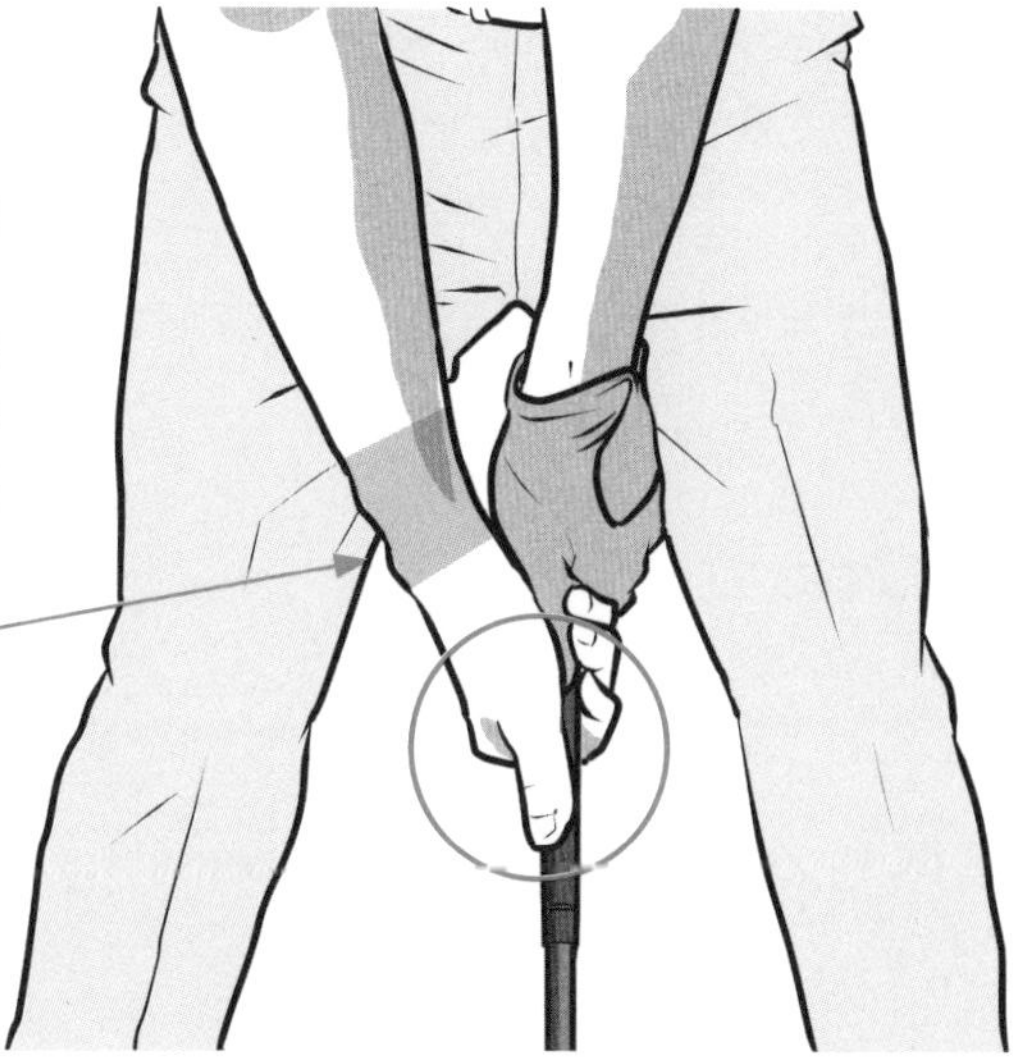

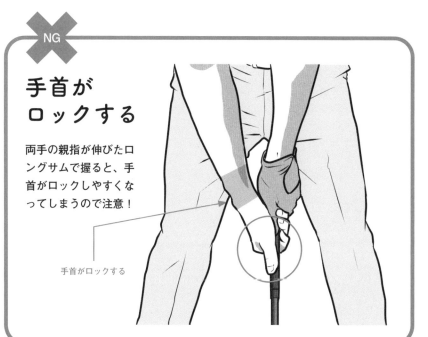

左手は押す、右手は引く

右手と左手それぞれの役割

クラブを握るとき、右手と左手にはそれぞれの役割があります。

右手は下から左手を支えて、軌道を整えていく役割です。

一方の左手は、クラブをリードする手になるので、しっかり主導できる形で握ることが大切です。

クラブは〝つかむ〟のではなく、〝引っかける〟イメージです。左手は押す、右手は引くという相反する力で握ると、強い力を使わなくても、しっかりグリップすることができます。

右手と左手はそれぞれの役割があり、押す、引くという相反する力をかけることを覚えてください。

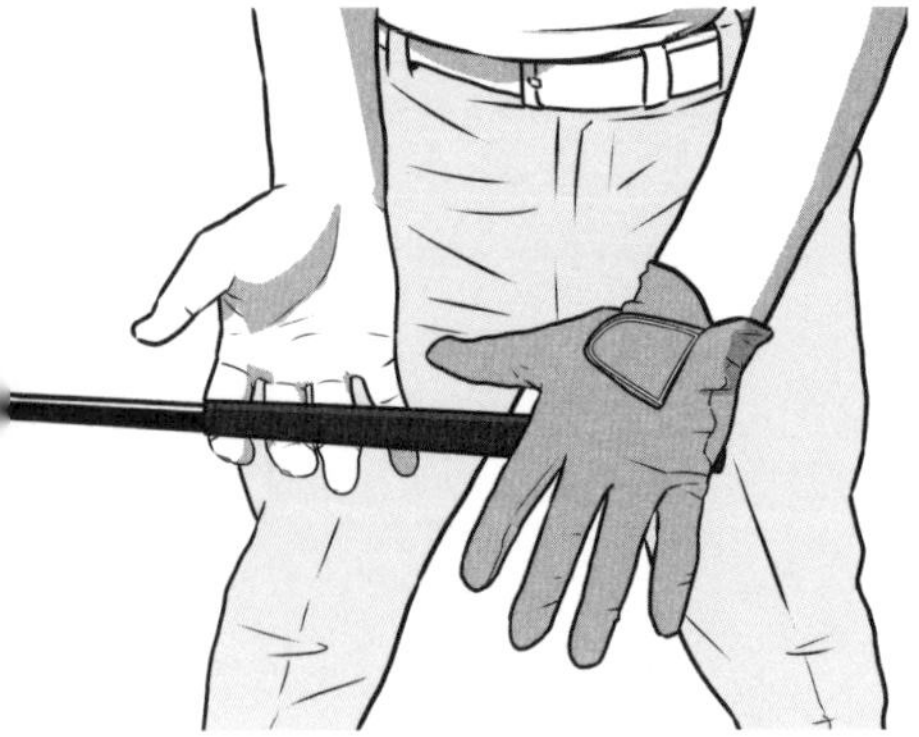

右手は中指、薬指の２本の第二関節あたりをグリップに引っかける。左手は押す力が働くが圧を感じるのは小指から中指までの３本

右手には引く力、左手には押す力をかける

ドライバーとアイアンで押し引きの強さが違う

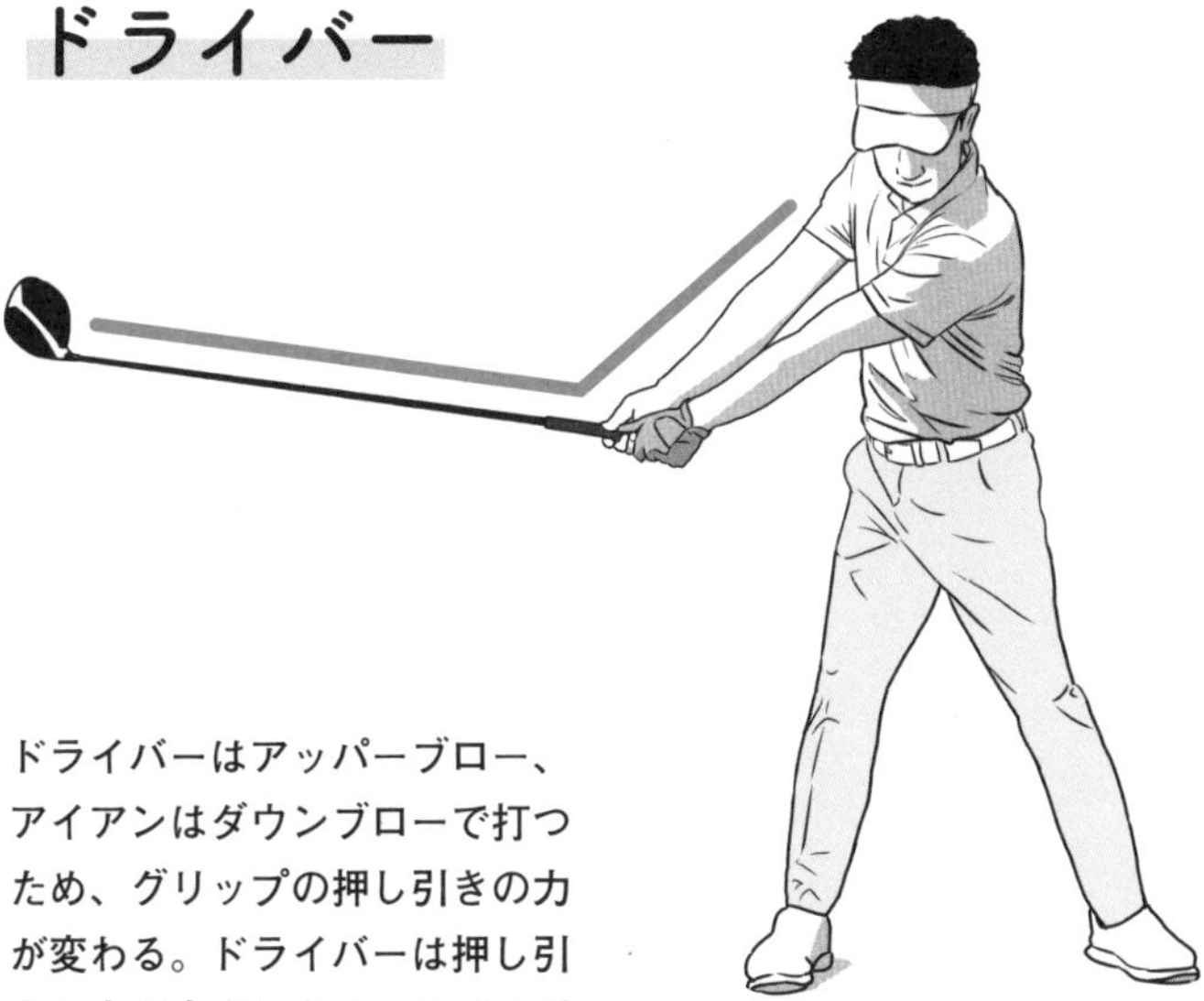

ドライバーはアッパーブロー、アイアンはダウンブローで打つため、グリップの押し引きの力が変わる。ドライバーは押し引きの力が小さいため、テイクバック時の角度が緩やかになる。アイアンはより押し引きの力が強いため角度が深くなる

構えのつくり方〜正しい構えとは？

やりたい動きができない
原因の大半は構えにある

ゴルフの基本中の基本として大事なのは構えです。多くの場合、構えを見ただけでも、「うまく当たらないだろうな」とわかります。

先に紹介したグリップと構えができていないと、効率、スピードともによくなっていきません。飛距離を上げていくうえでは、極めて重要なポイントとなります。

スイング中に「前傾が起き上がってしまう」という人は、アドレス時の脚の力の入れ方に問題があったり、「フェースの向きが安定しない」という人は、身体と一体化するグリッ

Step 1

しっかり直立して
お腹に力を入れるところからスタート

Step 2

足を広げる。
ボールは左足の内側あたり

プができていなかったり、やりたい動きができない理由の大半は構えにあります。

そもそも構えからエラーが起きてしまっているから、正しくスイングできないという方が、とても多いのです。

よいスイングはよい構えから構えを急がないこと

よいスイングは、よい構えから始まります。ここでは正しい姿勢になりやすい手順を紹介していきます。

実際のラウンドに出ると、構えを急いでしまって、その結果、エラーの出やすい構えになってしまう人も多いと思います。練習の段階から、構えをしっかりつくっていくことを身につけましょう。

まずはボールの前に立って、身体の向きを確認。しっかり直立して、

Step 3

前傾をつくる

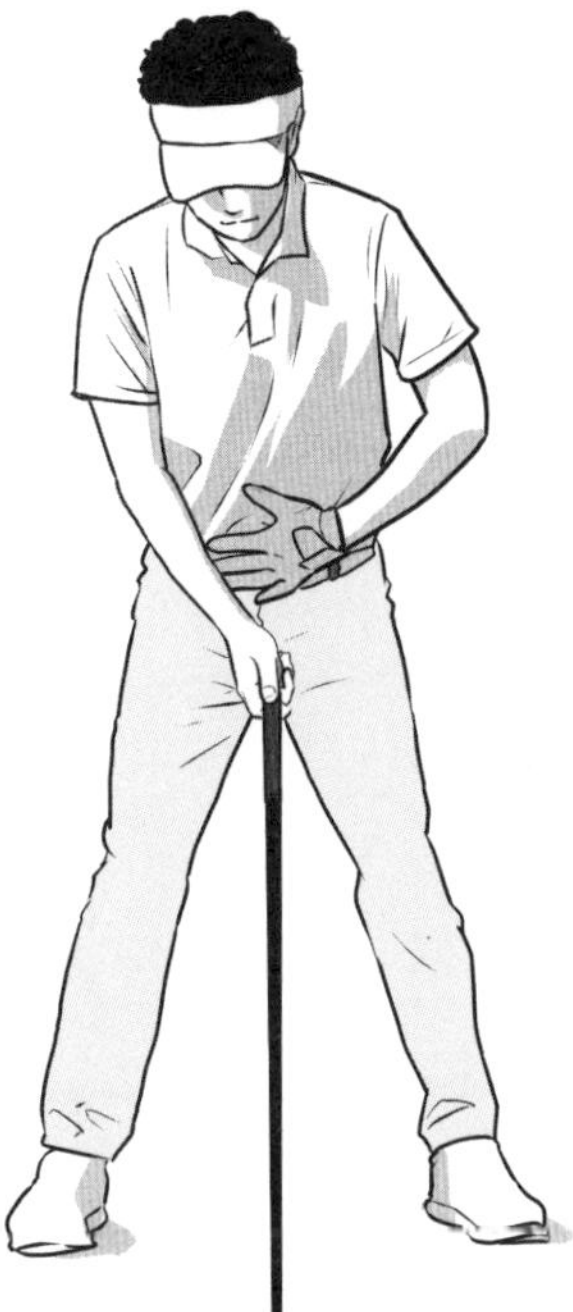

Step 4

一度、左肩を上げる

お腹に力を入れるところからスタートします。

そして両足を広げて、前傾をつくります。正しくボールにヒットするという意味では、前傾角度はすごく大事です。

たとえクラブを速く振れたとしても、前傾がうまくできていないと振る場所が上下してしまい、腕でボールに合わせにいくというエラーが起きやすくなります。構えでつくった前傾を維持したまま身体がねじれてくることで、スイングにつながっていくわけです。

肩の力を抜くために上げてから下ろして脱力

前傾ができたら、一度、左肩を上げてから、脱力して左腕を下ろします。左腕が脱力したら、右手に持っていたクラブを左手に移す。こうす

Step 5

上げた左腕をだら～んと下ろす

Step 6

下ろした左手にクラブを移す

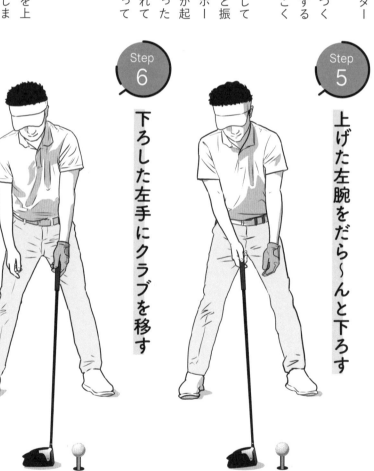

ることで、無駄な力を抜いた状態でクラブを持つことができます。

グリップを強く握りすぎると、肩が上がってくるエラーが起きやすいので、手順の中に脱力を入れます。

同様に右も肩を上げてから、だら～んと下に下ろして脱力します。そして右手は下からクラブを握ります。

正しい構えができれば身体とクラブを一体化できる

お腹はしっかり下を向いた前傾姿勢で、足先は、右足がまっすぐ前を向き、左足は少しオープン（外を向く）。ドライバーの場合、ボールは左足の内側あたりになります。

正しい構えができていると、足の力を使ったスイングが可能になるので、手だけでは振らず、身体とクラブが一体となったスイングを実現することができます。

Step 7

右肩を上げる

Step 8

脱力して右手を下ろす

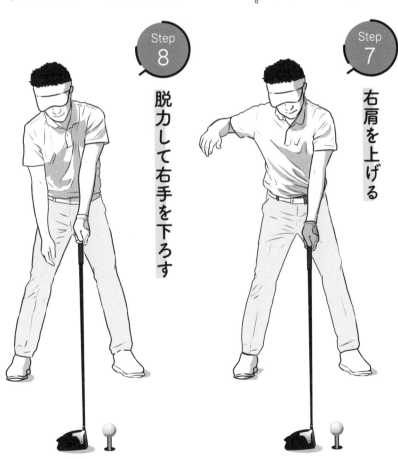

クラブによって前傾角度は変わるが（長いほど浅く、短いほど深い）、上半身はまっすぐ骨盤から前傾する。お腹はしっかり下を向いた状態になり、そのお腹の力と足の力で自分の腕とクラブを吊り上げることができる。ボールは左足内側の線上、アッパーで当てるための構えで３～５度くらい右に傾く

完成！

右手は下から握る

別角度

後方から

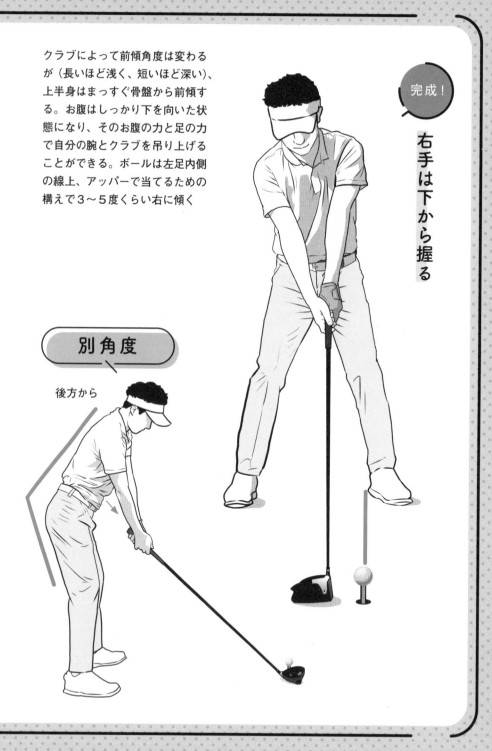

こちらはアイアンの場合の理想の構え。ドライバーと比較して見ていくと、クラブが短い分、前傾角度は深くなる。スタンスは少し狭く、ボールは身体の中心。グリップエンドと手元は左脚付け根あたりにくるようにして、手元がクラブヘッドよりも前にある状態にすると、ハンドファーストでインパクトできる

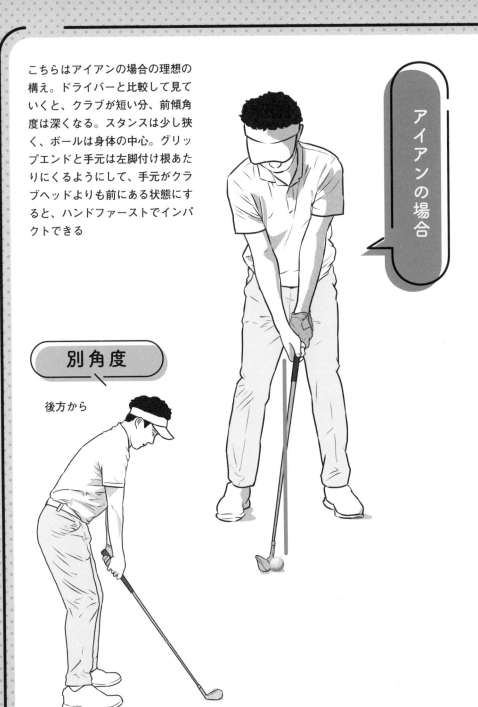

構えのつくり方～足の形の注意点

足の外側にエッジを効かせる右はまっすぐ、左はオープン

構えではグリップ同様、足の形も注意点が多い大事なポイントです。

前述したようにドライバーの場合はアッパーでインパクトしたいので、ボールのセット位置は左足内側の線上になります。

そして目に見えない部分でポイントとなるのが、足の外側にエッジを効かせること。バックスイングの際、内から外に力が向かっていくので、腰をスウェーさせないために、足の外側にエッジを効かせて壁をつくります。

足の向きは右がまっすぐ、左は少しオープンにします。バックスイング時

OK

足の形

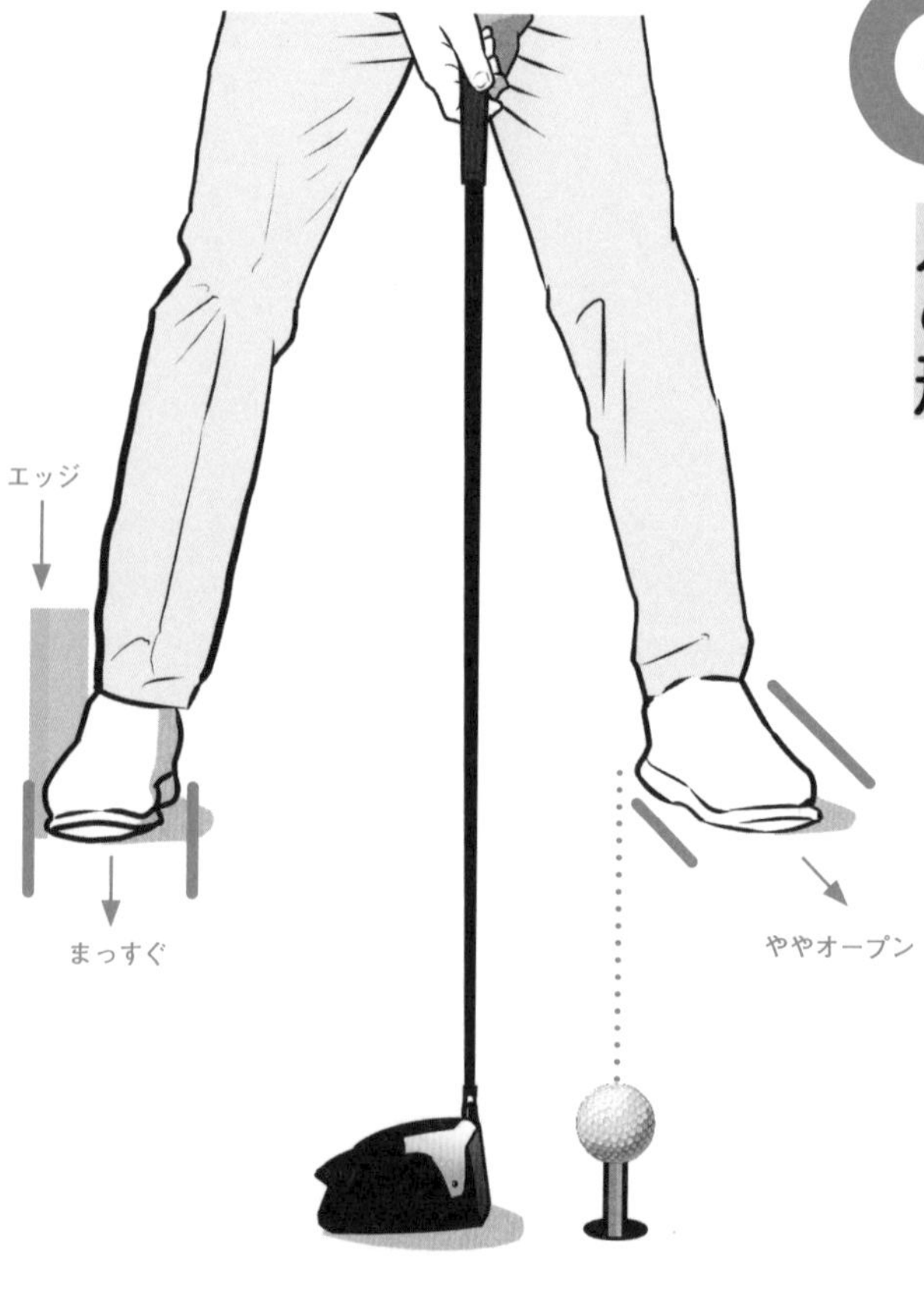

には力を溜めていくため、右のつま先が開くと力が逃げてしまうので、足をまっすぐにして力を解放させず、右のハムストリング・お尻と上体のねじれをつくります。

一方、左足は溜めた力を解放していくので、つま先をまっすぐに向けていると身体が上に上がっていってしまいます。左足を少しオープンにしておくと、身体が左に回転しやすくなります。

テイクバックでは制限をかけて、フォロースルーでは解放していく。そのためのスタンスをつくりましょう。

足のハの字はNG

ガニ股で足がハの字になるスタンスはNGです。前述のように、右足がオープンになると、身体が流れてしまいます。また、ハの字はかかとに重心がくるので、身体が起き上がりやすくなってしまいます。

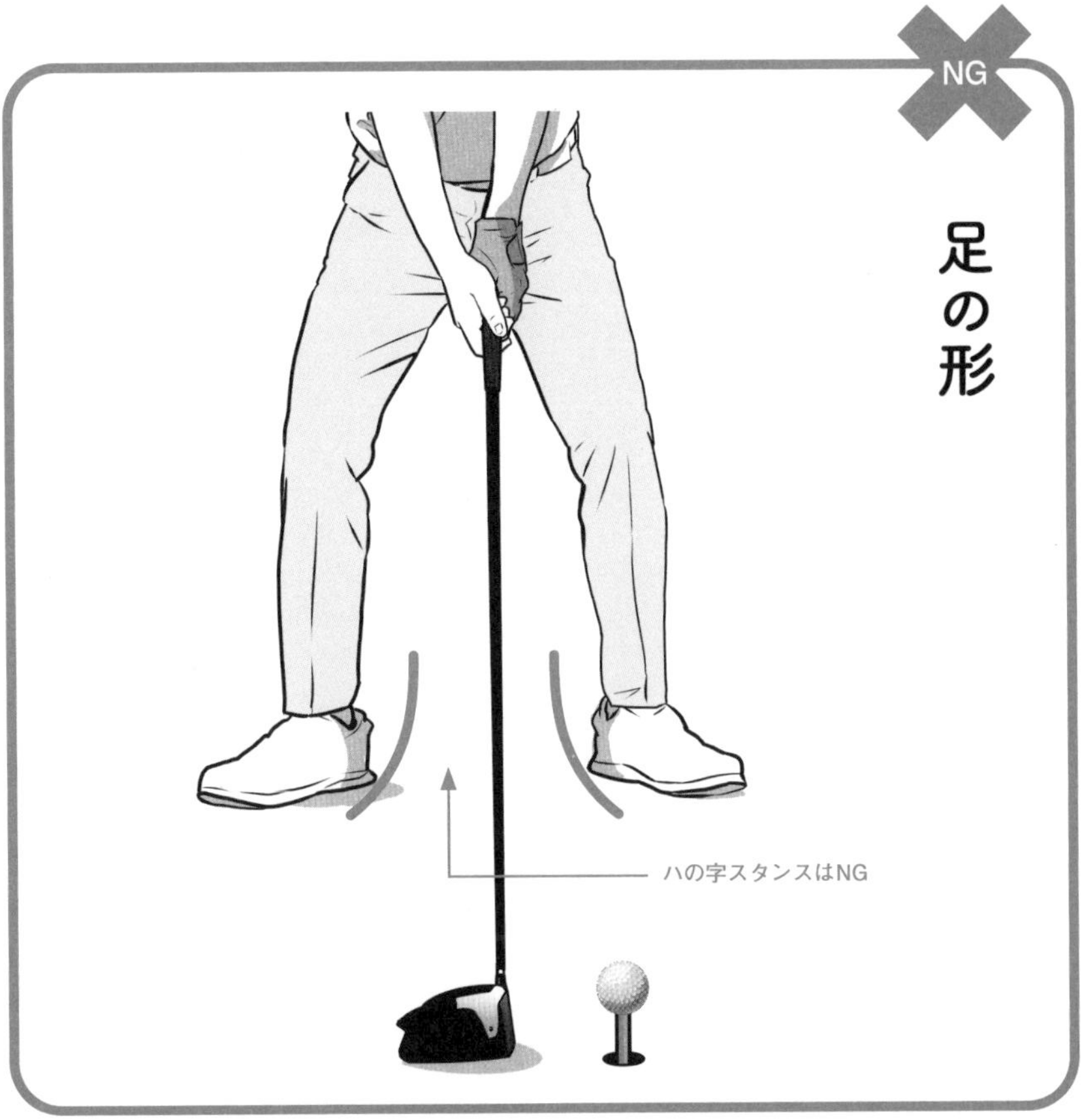

構えのつくり方〜腕の形の注意点

両腕を外旋させて自然に握るのがGOOD

クラブを握るときの腕の形にも注意が必要です。

テイクバックの際に肘が開いてしまうという問題を抱えている人の多くは、クラブを握る腕の形に問題があるケースでしょう。

クラブを握る際、腕を外旋させるようにして2〜3回、外に少し振って手のひらが上を向く状態からクラブを握ります。肘が身体の内側を向く状態をつくると、自然体でグリップすることができます。この形でクラブを握ると、腕が横に外れにくい形になります。

OK

腕の形

両腕を絞り込むのは肘が開く原因に

逆にクラブをしっかり握ろうと意識しすぎて、腕を絞り込むようにして握ると、エラーが起こりやすくなります。

絞り込もうとすると、腕が内旋します。この形でクラブを握ると、バックスイングの際に肘が開いてしまうので注意してください。

オーバースイングなどの問題がある方は、右手がかぶってきて、肘が抜けるというエラーが原因であることが考えられます。

NG

腕の形

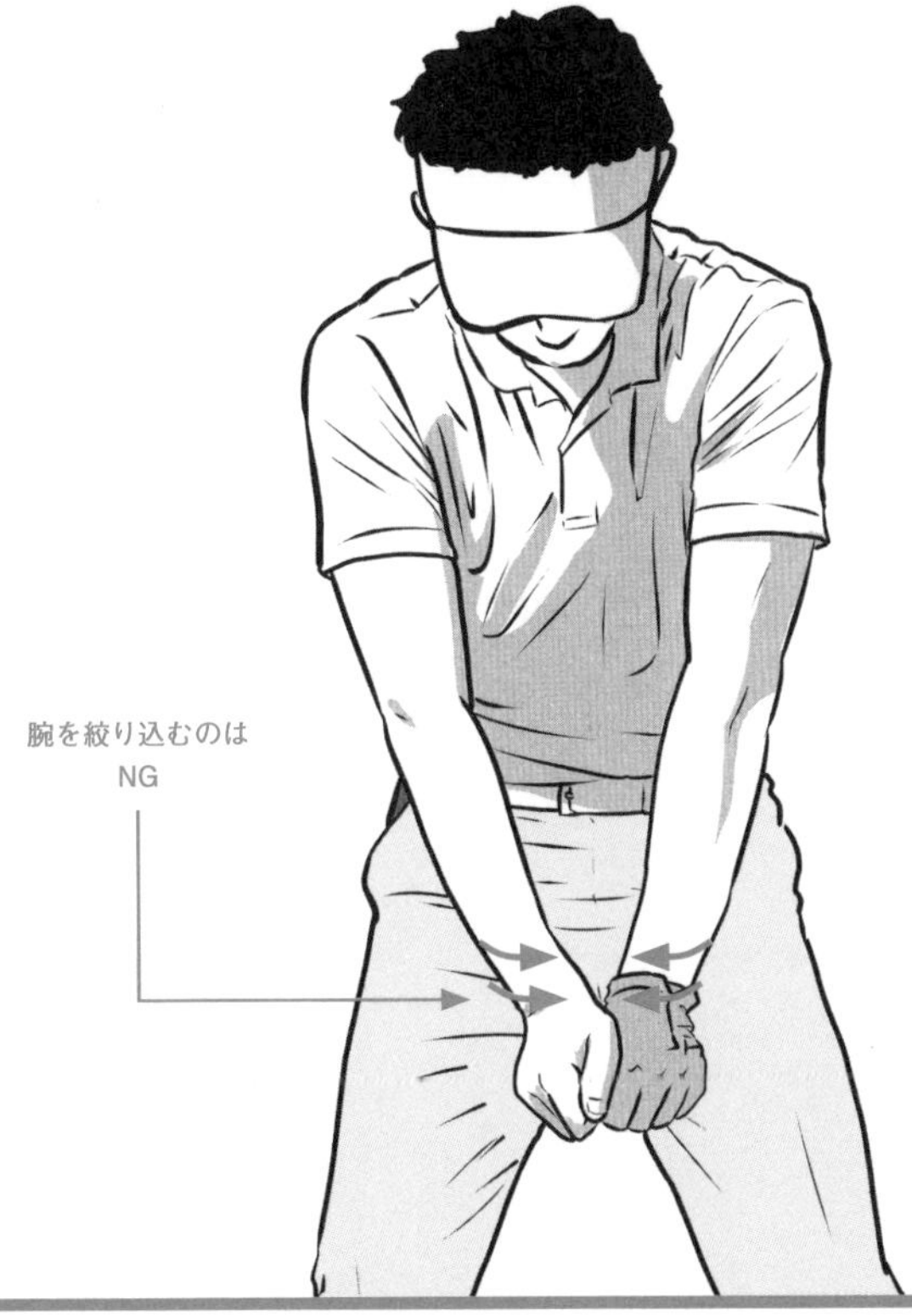

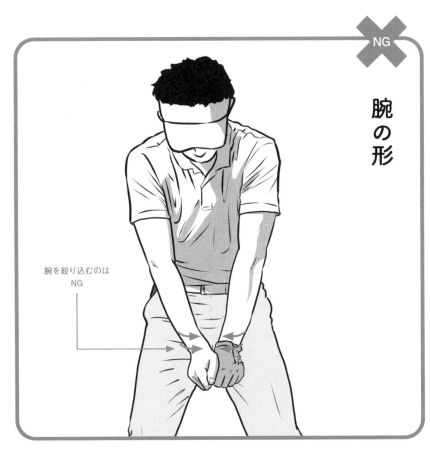

OKの腕の形でスイングすると…

1 腕を外旋させて自然体でクラブを握る

2

3 自然と脇が締まった状態でテイクバックすることができる

NGの腕の形でスイングすると…

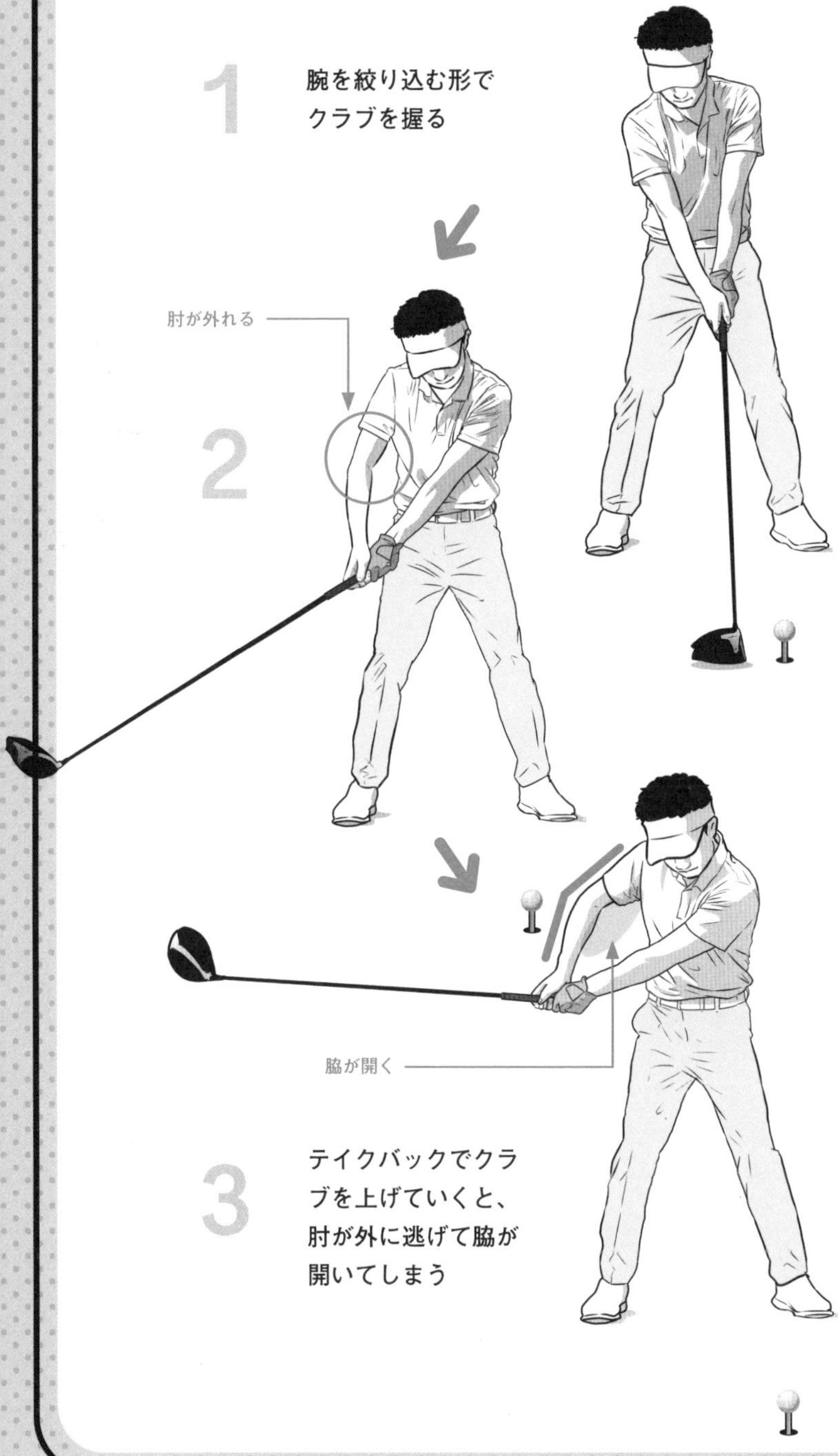

1 腕を絞り込む形でクラブを握る

2

3 テイクバックでクラブを上げていくと、肘が外に逃げて脇が開いてしまう

構えのつくり方〜身体の傾きの注意点

構えでは身体の傾きにも注意してください。

起きやすいエラーのひとつ目は左肩が上がりすぎること。ドライバーの場合、少し右が下がるのはOKですが、グリップを強く握りすぎて左肩が上がりすぎてしまうと、スイング中にスピードを出すリリースの動きができなくなります。

もうひとつのエラーはボールに合わせて身体が左に入ること。ドライバーは左足内側の線上にボールをセットしますが、身体をボールに合わせてしまうと右手がかぶってきて、アッパーの構えにならず、クラブが上から入りやすくなってしまいます。

クラブは最低限の力感で握ればOK。強く握りすぎて肩が上がるのはNG

ボールの位置に合わせて身体が左に入ってくると、アッパーでインパクトすることができなくなる

第3章

完全図解！飛ばすスイング

第3章
スイング
—
1

スイング① テイクバック

手元だけでクラブを上げない 体幹のねじれでクラブを上げる

構えができたら続いてはスイングです。基本となるスイングをテイクバックから順に見ていきましょう。

テイクバックとは、いわゆる「始動」のことであり、左に回転していくための準備段階で、力を溜めることがその役割です。力を溜めるには、テイクバックの段階からねじれが始まっていなければいけません。

大前提として、身体が固まった状態から動き出すことはできないので、テイクバックでクラブを動かす直前は、完全に静止した状態ではなく、身体が左右にゆっくり揺れているような状態から動き始めます。

プロの選手を見ていれば、少し足をパタパタと動かしながらアドレスしていると思います。こうした動きの中からテイクバックに入っていくのです。

完全に固まった状態から動き出すと、手元だけでクラブを上げていく形になってしまいます。手元で上げてから身体をねじるのでは、十分に力を溜めることはできません。

考え方としては、下半身が先に動いて、体幹のねじれを利用して、腕やクラブが動いてくるのが理想です。そうすることで、早めに右にエッジが効いてきて、早い段階からねじれが生まれます。

足、お腹、肩に張りが生まれる ねじれの基礎が始まる

テイクバックをクラブが腰くらいまでの高さに上がったところと定義すると、このときにはねじれの基礎が始まっている状態となり、右に抵抗する力が生まれています。

この段階で3つのポイントがあります。①右足外側のエッジが効いていること。②右のハムストリング・お尻に張りを感じて右脇も伸び始めていること。③左の肩甲骨から腕にかけての張りが生まれていること。足、お腹、肩にしっかりと張りが生まれていれば、左に戻るきっかけとしては十分です。

クラブが腰の高さにきたときには身体にねじれが生まれている

テイクバックは始動なので、言ってみればスイングの全体像の中で、スイングの良し悪しを決める一番重要なポイントだと思います。

クラブヘッドが時計の針の8時方向を指す位置にきた時点で張りが始まっている

クラブが腰の高さまできたときには身体がねじれている

NG

腕からクラブを上げると身体にねじれが生まれない

クラブが自然と上がるのが理想。意識的に腕で上げようとすると、身体にねじれが生まれない。右肘を早く曲げすぎないように注意！

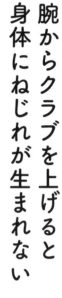

両腕で上半身を挟むくらいの力感で

NGのようにテイクバック時に腕が完全に緩んだ状態になっていると、一体感が生まれづらくなってしまう。腕の付け根や脇の部分に少し力が入り、自分の胴体を両腕で挟むくらいの力感だと、上半身と腕の一体感が生まれ、下半身との捻転差が生まれやすくなる

右肘が早くに曲がったり、外側に開いたりすると、力が逃げてしまううえに手だけでクラブを上げることにつながってしまう

スイング② バックスイング

上半身は右方向へひねる
下半身は左方向へひねる

バックスイングとは、ダウンスイングとは逆方向へのスイングだから、バック〝スイング〟であり、ダウンスイング同様、重要な役割を持っています。

動作としては、クラブが腰の高さにきたところから切り返しの直前までとなります。目的は、インパクトにつながる捻転差を生み出すこと。そのため、上半身と下半身で逆方向へのひねり動作をおこなう必要があります。

上半身は右にひねる際、横にひねるだけだとクラブが上に上がってしまうので、前傾が大事になります。前傾軸に対して両肩が動いていくことで右胸

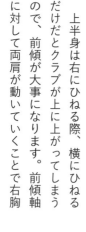

や右脇は右ななめ上にねじれていき、左下に戻ってくることができます。

下半身に関しては右のハムストリングからお尻にかけて負荷がかかりますが、上半身とは逆、つまり左側にひねられます。こうすることで、上半身と下半身に大きな捻転差が生まれます。

バックスイングで「肩が入っていない」というアドバイスを聞くこともあると思います。これはお腹が動いていないから、捻転差が生まれず、手打ちになるという意味です。身体が硬かったとしても、上半身と下半身が逆のねじれになれば、捻転差は生まれます。

上半身は右にひねるため、下半身が同時に右に動かないように、右足が左にひねりがあることで、ストッパーになることが大事です。

上半身のひねりにブレーキをかけることが、切り返しのきっかけとなるスイッチと言ってもよいでしょう。

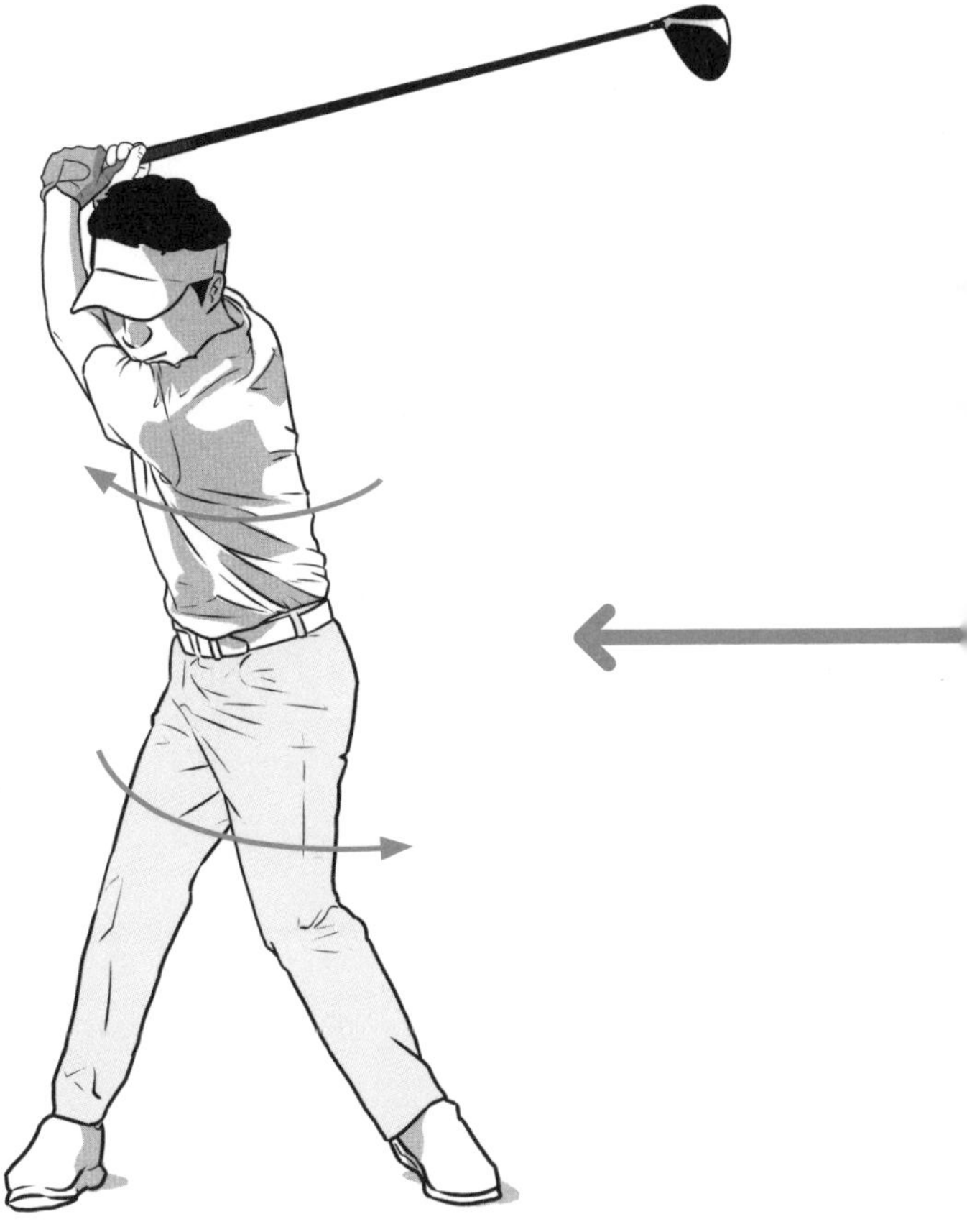

バックスイング時のエラー

前傾できず腕だけが上がる

身体の前傾をキープできず、膝が伸びてきてしまうのはNG。この姿勢は右脚の張り、お腹の力をまったく使えない状態なので、上半身と下半身の捻転差がない。重心が上がってしまい、手だけで振る形、いわゆる手打ちになってしまう

NG

クラブを担いでしまう

テイクバック同様、バックスイングも上半身と腕、クラブの一体感が大事。腕だけが切り離されたようなクラブの上げ方、クラブを担ぐような形になってしまうのもNG。右肘を早く曲げてしまうと、クラブや腕は上がってきても、捻転差がまったく生まれない

スイング③ 切り返し

「切り返し」のきっかけは自然と身体が戻ってくるとき

　バックスイングからクラブが頂点に上がった位置を「トップ」と表現することが多いのですが、私の中では「トップ」というジャンルは存在しません。

　スイングは途中で止まることなく流れています。バックスイングで上に動いていたものが、ダウンスイングで下に動く瞬間を「切り返し」と表現しています。

　この切り返しで捻転差を生み出し、それをダウンスイングで解放することで、ボールに爆発的なパワーが加わります。

OK

自然と身体が戻ってくる

自ら切り返さなくても、右胸、右脇の張りが限界になると自然と切り返しが起こって身体が戻ってくる動作としては、テイクバックからバックスイングで上がってきたクラブが下りるところが「切り返し」となります。

見た目的には「クラブが下り始めたところ」となりますが、正確には切り返しの動作が始まることでクラブが下りてきます。

切り返しのきっかけは自分で意図的につくるものではなく、右によい体重移動をしていけば、左に身体が戻ってきます。右に体重が乗りっぱなしになると、自分のタイミングで戻すことになってしまい、それでは切り返しのタイミングとしては遅く、身体が左に戻ってこないうちにクラブが戻ってきてしまいます。その結果、インパクトするために腕を伸ばして当てにいく、アーリーリリースとなります。

しっかりと右のエッジが効いて、上半身と下半身のねじれが限界にくると、自然と身体が戻っていく力の流れになります。身体を右にひねっていき、パワーがもっとも溜まり、それを左に戻す瞬間が切り返しです。お腹や下半身の力で身体が戻りたくなるようなバックスイングができていることが理想です。

NG

手で意図的に切り返す

上半身と下半身の捻転差が生まれていないため、自ら手を下ろしてダウンスイングに向かう

切り返し時のクラブの位置

OK

切り返しのときの手元の位置は、右肩の真上かやや背中側にある状態が理想。手元がこの位置にあると、ダウンスイングでクラブを真下に下ろしていくことができる

切り返しのときに手元が低すぎたり、あるいは高すぎたりすると、クラブが遠回りして出てきたり、手元とクラブが離れたりしてしまう

第3章
スイング
—
4

スイング④ダウンスイング

腕の形は変えずに身体で回転する

　切り返しからのダウンスイングでは、右側を向いていた胸とお腹が左下を向くことによって、手とクラブが一緒に下りてくるという動作になります。
　ダウンスイングからインパクトに向かう際の動きもポイントです。右脚の付け根あたりに向かってまっすぐ下りてきた手元とクラブは、身体の回転によって近くに引かれ、クラブが身体に巻きつくような形になります。身体で回転するので、腕の形は変わりません。

OK

腕の形は変えずに、
身体で回転していく

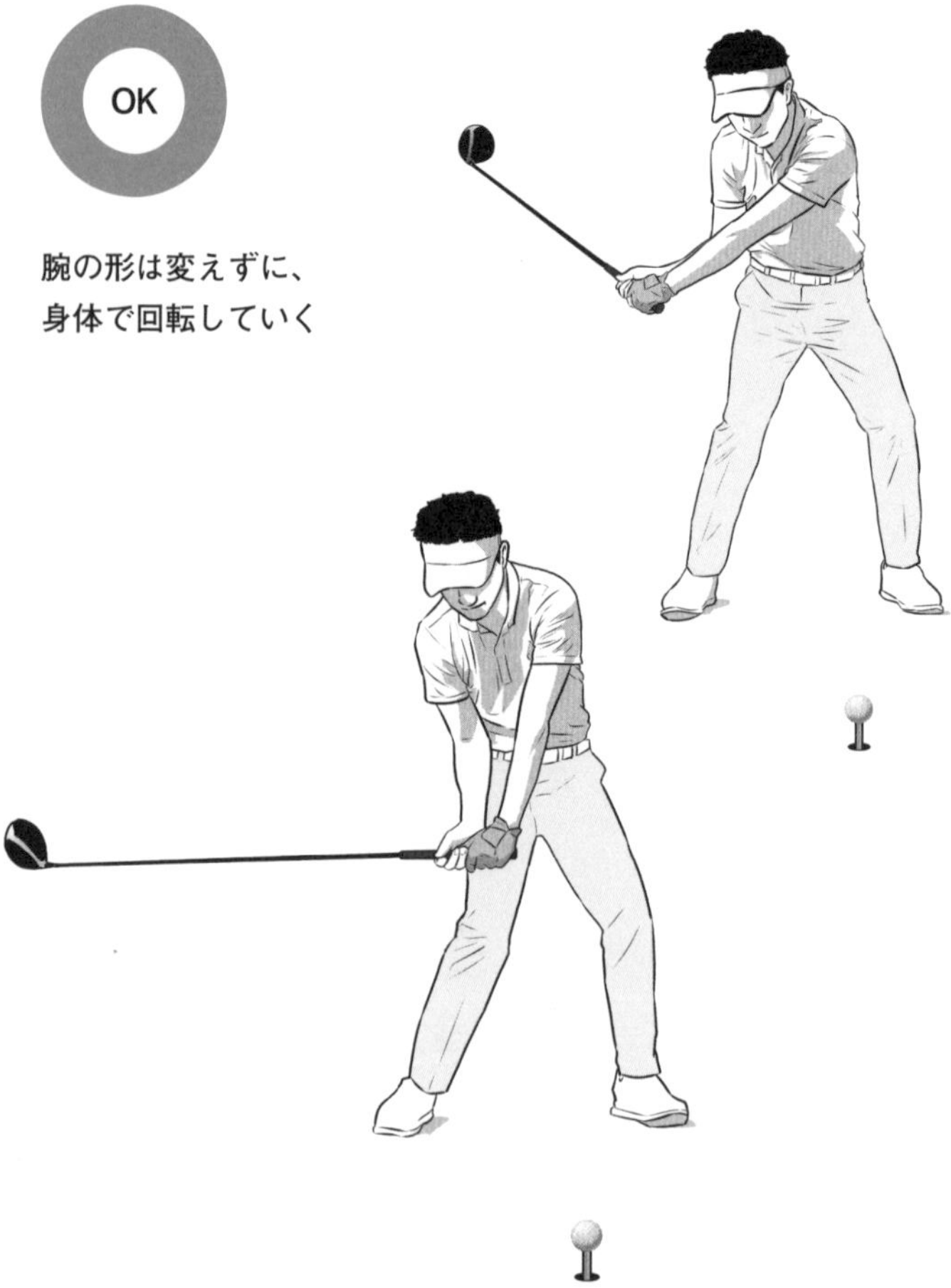

これに対して腕主体で振ろうとすると、腕で引いてしまい、身体の回転がなくなるため、手元とクラブが離れるような動きになります。その結果、クラブが寝てしまい、うまくインパクトできなくなります。

前傾はキープする

また、切り返しの時点から前傾がほどけて胸やお腹が上を向くようなスイングになると、手が伸びてボールを下から上に打つ、あおり打ちになってしまいます。

こうなると、空振り、もしくは当たっても大きく右にスライスするボールしか打てないので、注意しましょう。

NG

腕主体で回転しようとすると、身体とクラブが離れてしまう

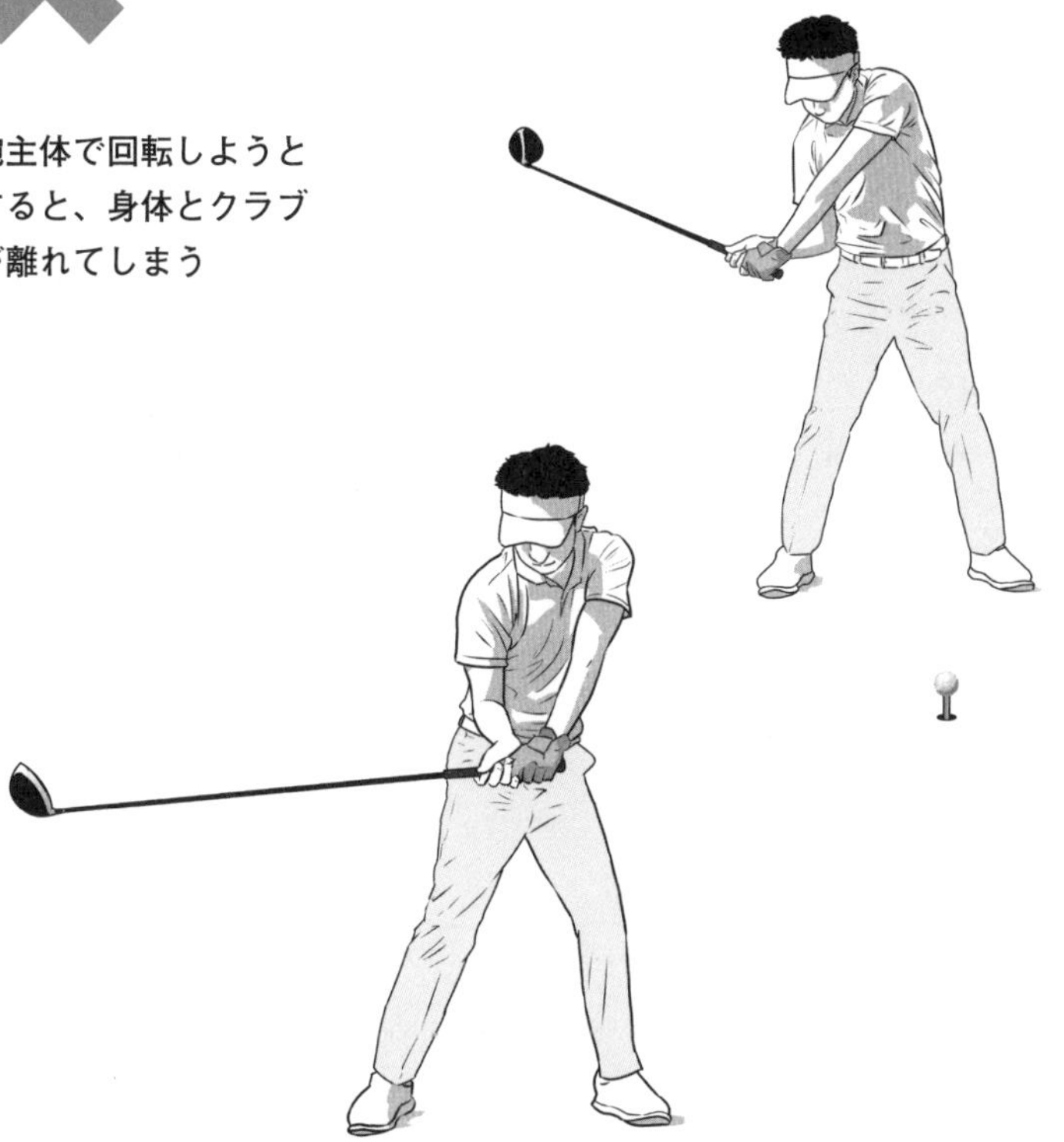

前傾がほどけないように注意！

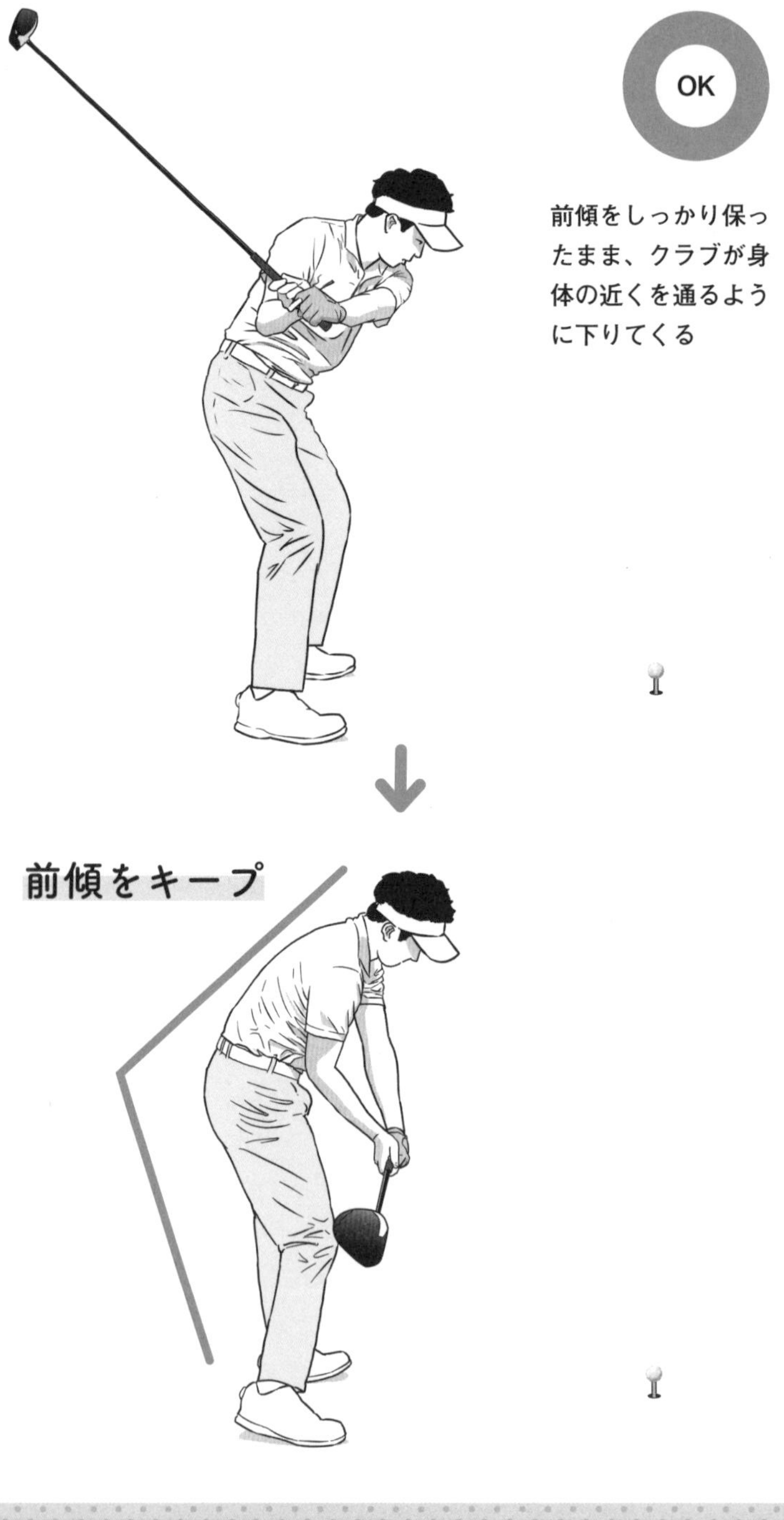

前傾をしっかり保ったまま、クラブが身体の近くを通るように下りてくる

NG

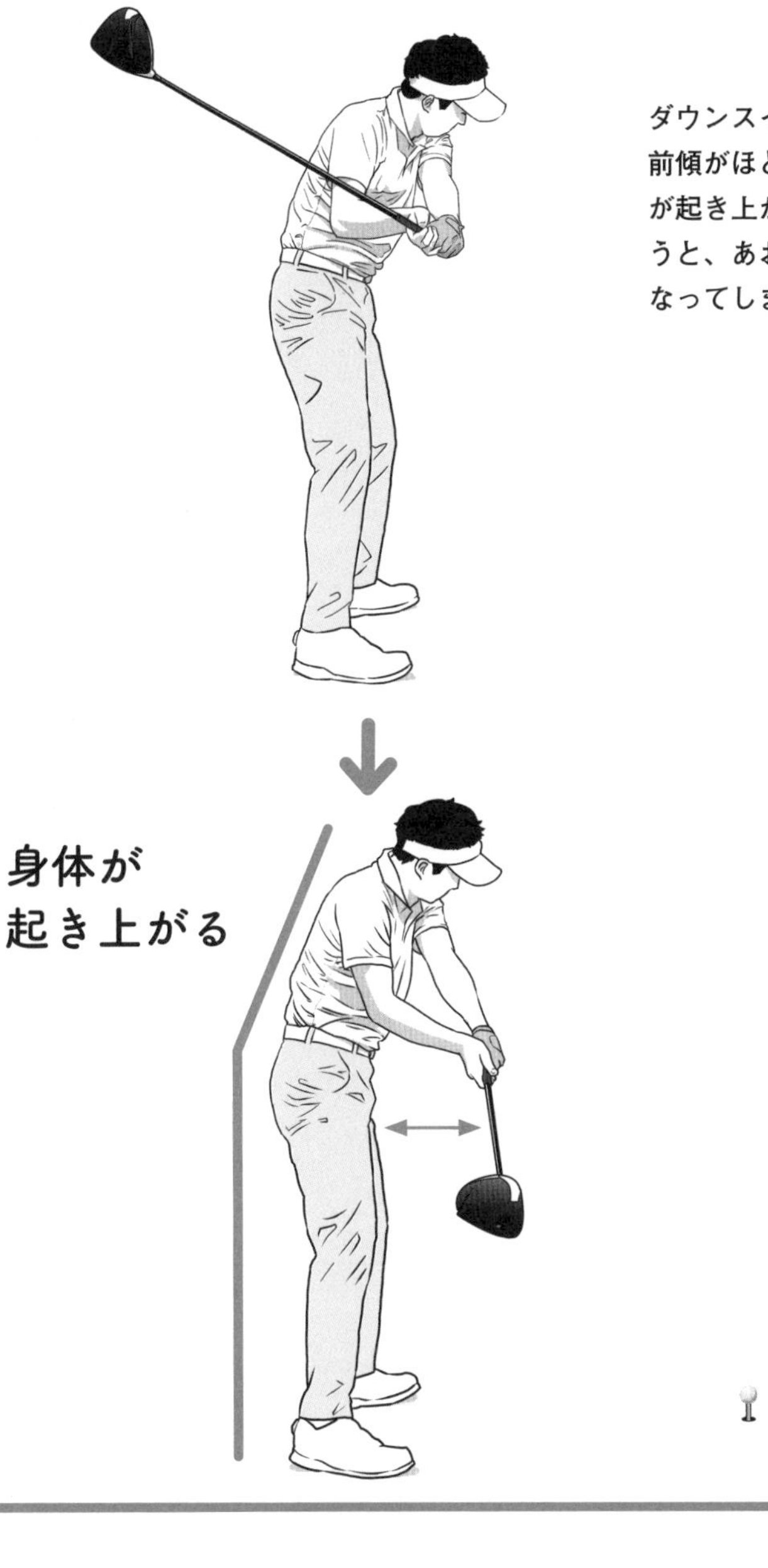

ダウンスイングの際、前傾がほどけて身体が起き上がってしまうと、あおり打ちになってしまう

第3章
スイング
―
5

スイング⑤ インパクト

腕で引くのではなく身体で引いてインパクト

インパクトとは、クラブのフェース面がボールに当たる瞬間のことを指します。「ボールを打つ」「ボールとクラブがぶつかる」というイメージから、押す力がかかっている印象を持ちがちですが、実際にはクラブは上から下に下りてくるものなので、強く引く力がかかっています。

引く力と言っても、この引き方を間違えてはいけません。腕で引くのではなく、身体で引くことが大切です。身体で引く（身体が回転する）ことで、自分の近くにク

ラブが引っ張れてきて、身体に巻きつくような形になり、クラブにしなりが生まれます。

上下、左右の力が合わさる

クラブは自分の身体に近いところに引くことによって、上から下に下りてきてインパクトに向かいます。

この上下の動きに加えて、ダウンスイングで右から左へと体重移動することで、左右の力も合わさり、強いインパクトへとつなげることができます。

上下、左右の力を合わせるスイングを実現するためには、背中を丸くして前傾姿勢を保つことが大事になります。

ドライバーのインパクト

クラブが上がる途中で ボールにインパクトする

ドライバーショットの場合、ボールの位置は身体の正面ではなく、左足の前になります。クラブの最下点は身体のほぼ中心となり、そこからクラブが上がっていく途中でボールにインパクトします。

クラブの軌道を飛行機に例えると、離陸するタイミングがインパクトのタイミングになります。離陸直後に当たるということは、クラブのフェースが上を向いてきたところでヒットすることになります。

クラブが下から入ってきてアッパーブローでインパクトすると、より飛ばすことができます。

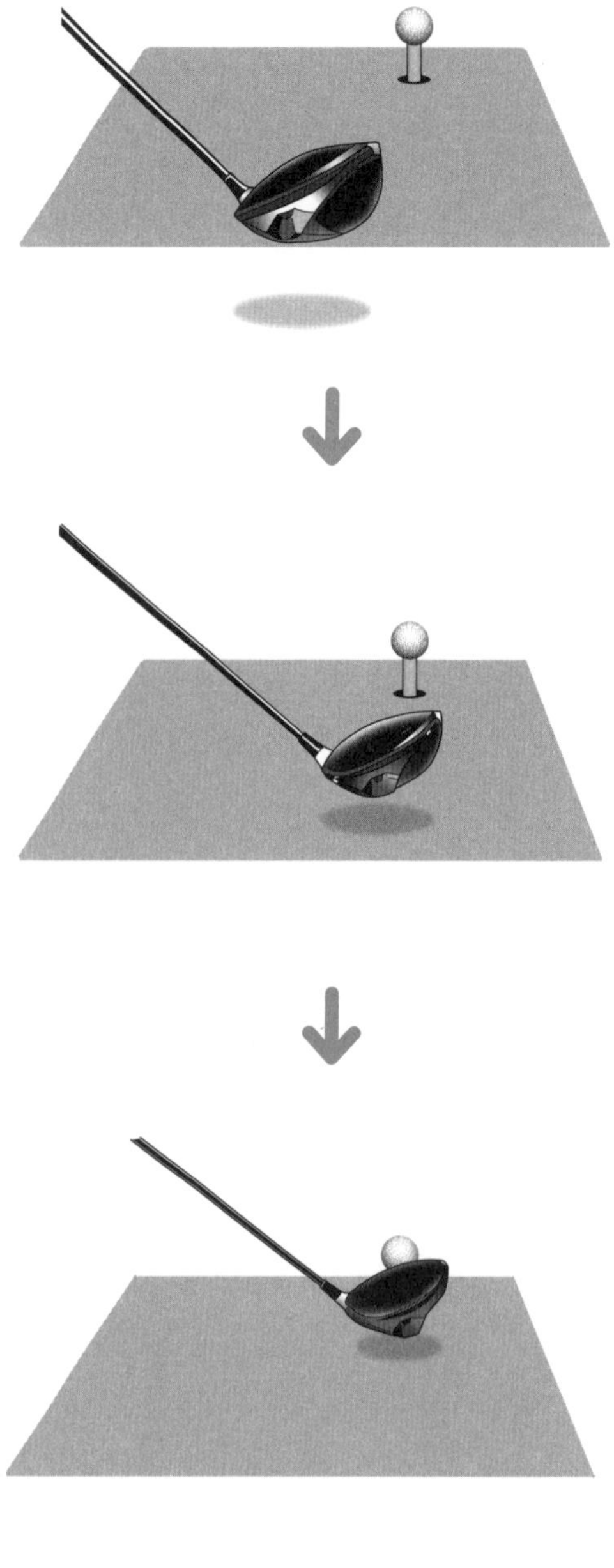

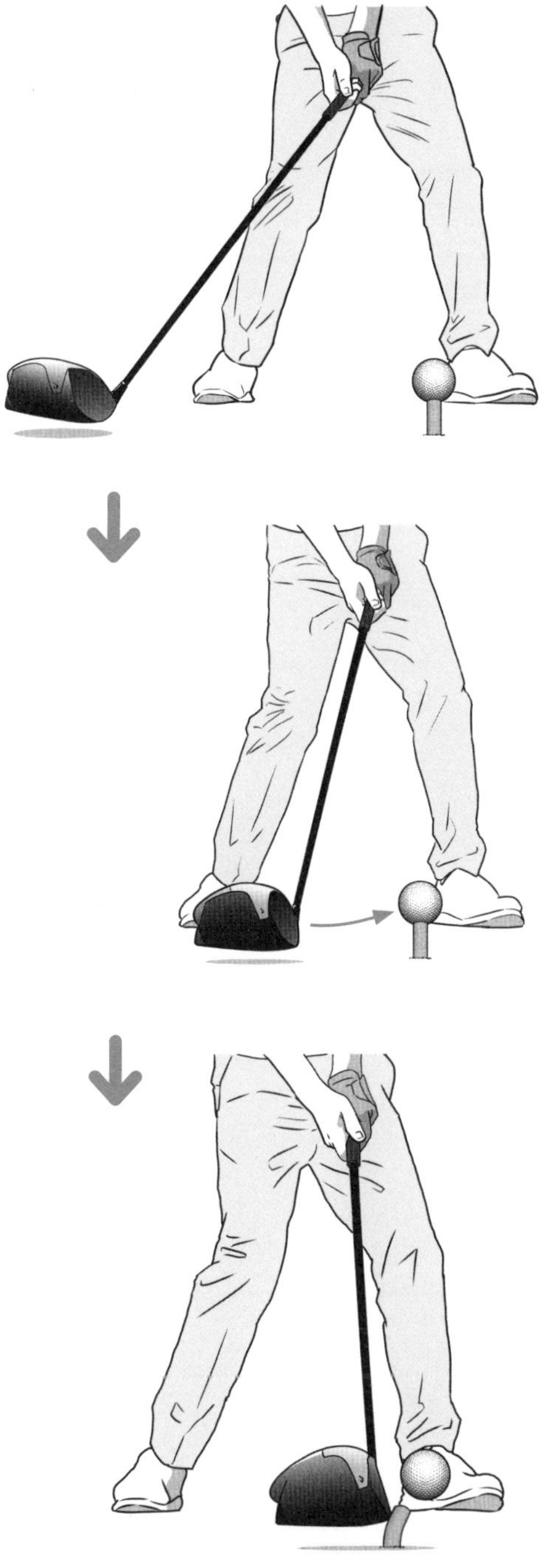

クラブとボールの当たり方

最大効率なドローボールのインパクト

　インパクト時にクラブとボールがどんな当たり方をしているのか見ていきましょう。

　ダウンスイングからインパクトに向かうとき、クラブはインサイドアウトで入ってきます。身体の回転によって引っ張られてきたクラブは、いい意味での振り遅れがあるので、フェースは少し開いた状態でインパクトを迎えます。

　フェースがボールに対して1〜2度程度開いて当たり、クラブはインサイドアウトで、フェ

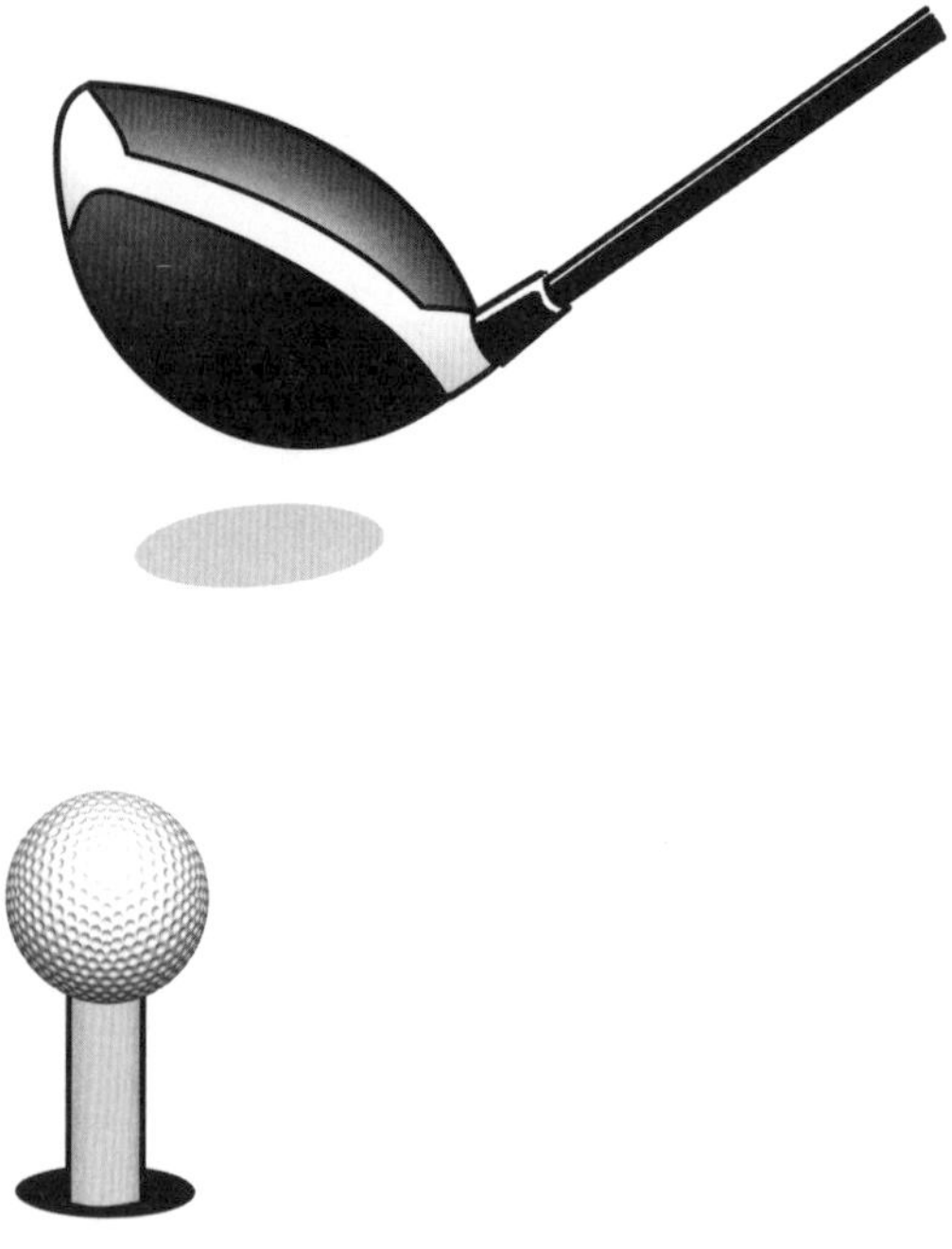

ースの開きよりも1～2度外側に向かって振られる軌道となります。

　このようにしてフェース面と軌道にズレがある状態で当たると、押し出されたボールはやや右に出て左に戻るという、ドローボールの軌道になります。

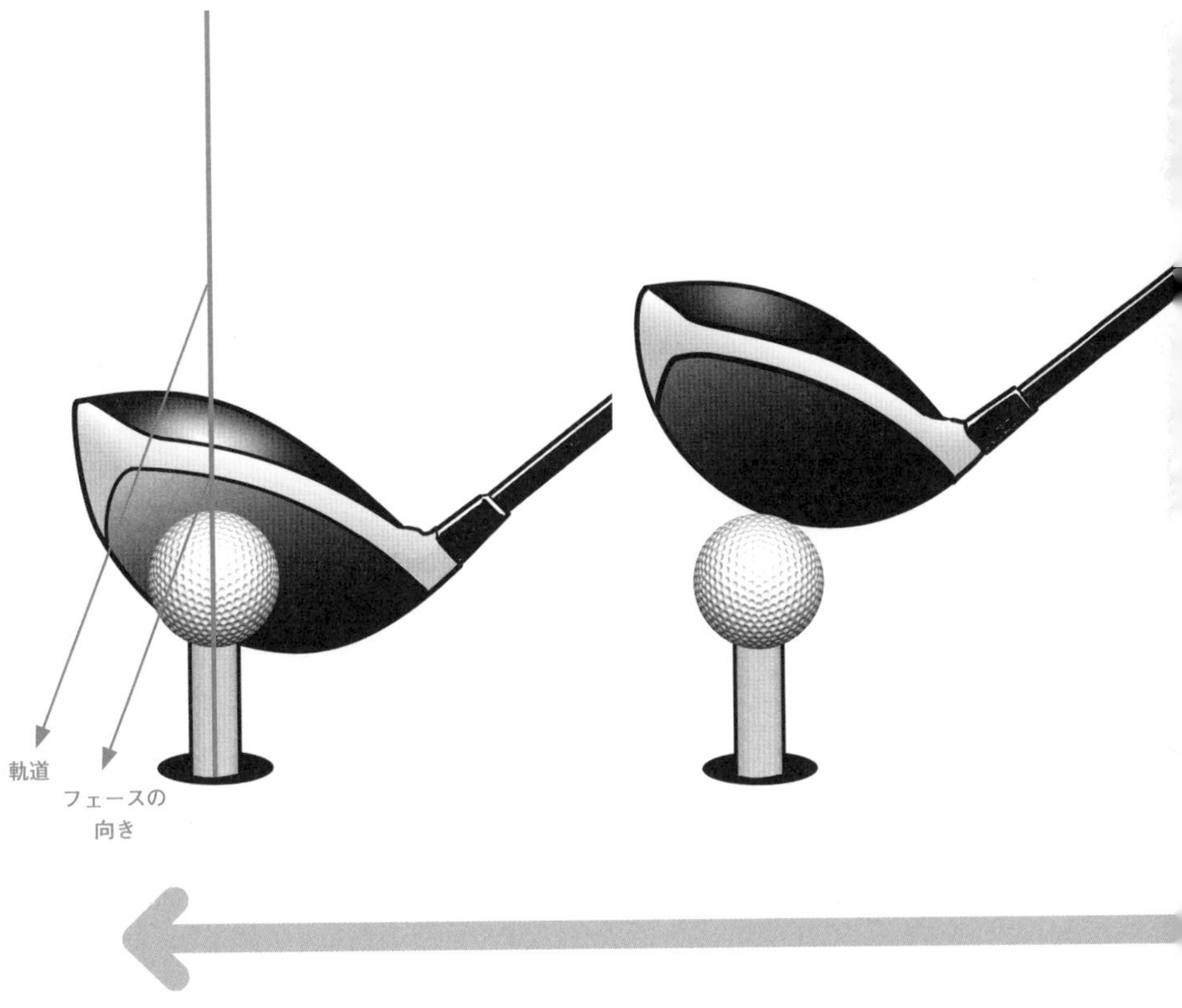

インパクトのNG

NG

身体が突っ込む

インパクトの際、頭や身体が回転方向の左に突っ込んでしまうと、上半身と下半身の捻転差によるエネルギーを使えず、強い打球が打てない

NG

ダフる

インパクト時に無理やりアッパーブローで打とうとして、右肩が下がりすぎるとダフってしまう

第3章
スイング
—
6

スイング⑥フォロースルー

左側に壁をつくって反対に戻す

フォロースルーは解放する部分になってきます。

ダウンスイングからインパクトでは、右肘はしっかり曲がっていて、左腕は身体の回転で自分のほうに引かれてきます。

意図的に左手と右手を動かさなくても、身体の回転ができていれば、自然と左手と右手は入れ替わります。ここでは重りを放り出すように動かすことがポイントです。

もうひとつのポイントは左の壁です。左方向に身体が開こうとするとき、左足の踏み込みで壁ができて（左足外側にエッジが効いて）、頭を右に押し戻そうとする力が働きます。

この左足の右に引っ張る力と、腕の力を抜いたリリースの動きで、ヘッドと頭が引っ張り合う状態となります。

左に壁がないと、身体は流れていってしまいますが、ヘッドを出すと同時にヘッドを反対方向に戻す力が働くと、よりヘッドが加速し、フォローが伸びていきます。

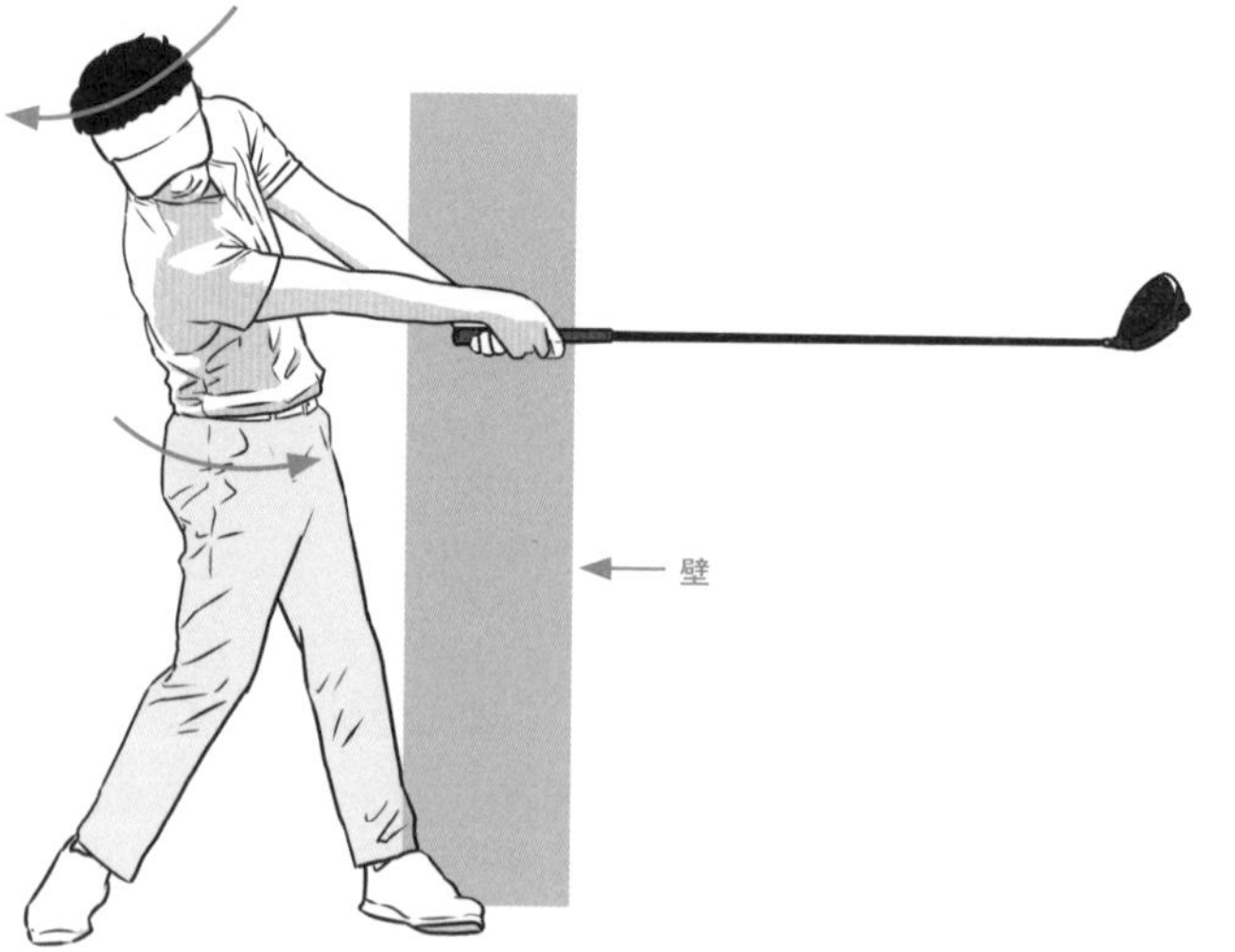

フォロースルーでのNG

NG

左の壁をつくることができていないと、身体が突っ込みすぎてしまう

腕が伸び切った状態でインパクトすると、フォロースルーでは脇が開いてしまい、力をうまく解放できない

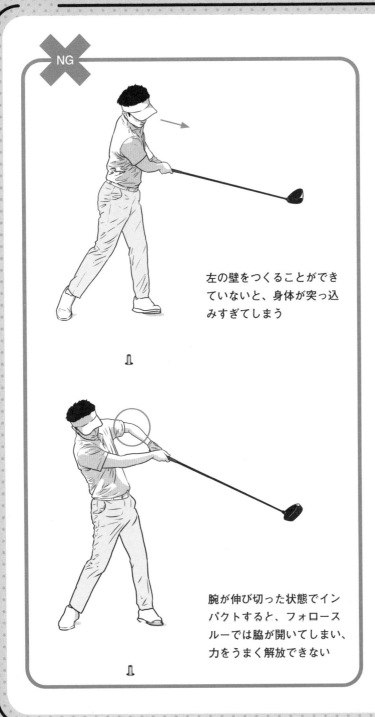

第3章
スイング
—
7

スイング⑦フィニッシュ

バランスよく止まれるのが理想

バックスイングでおこなった力の前後のスイッチがしっかり入れ替わると、9対1くらいの割合で左足のかかとに重心がくるようになります。右足は後ろに倒れようとする力を支える程度のイメージです。右でつくった力を左足の裏、ハムストリング、お尻で支えます。

フィニッシュでは、上体がしっかり起き上がって、お腹に力が入っている状態でバランスよく止まれるのが理想です。

力いっぱいスイングすると、身体が前に突っ込んだり、後ろに大きくのけ反ったりする人がいますが、そうならないようにフィニッシュしましょう。

フィニッシュでのNG

NG

フィニッシュで身体が大きくのけ反るのはNG

身体が前に突っ込んだ姿勢で終わっている人も多く見られる

Column 1

クラブ選びのポイント

私はティーチングプロになる以前、ハンズゴルフクラブのショップ「ハンズ工房」で働いていました。そこで私は、お客様にクラブの特徴をしっかり説明できるように、入ってきたクラブはすべて打ってみるようにしていました。とにかくいろいろなクラブで打っていたので、どのクラブが自分に合う、合わないというのがある程度わかるようになっていきました。

第６章でクラブについての話も紹介していますが、飛距離を追い求めていくと、自分に合ったクラブを使うことも重要になってきます。新しくクラブを買うときは、専門のフィッターさんに聞くのが一番です。それに加えて、自分でもいろいろなクラブを知っておくこともよいでしょう。

現在はいろいろなところで試打会もおこなわれています。そうしたところで、いろいろなクラブで打ってみると、だんだんとクラブの違いがわかってくるものです。実際に打ってみて、知識を増やしていくことで、より自分に合ったクラブ選びができるようになると思います。

クラブを変えるだけで悩みが一気に解決することがあるくらい、クラブによる変化はあります。それだけクラブは大事なものなのです。

第4章

完全図解！
スイングの形づくり

形づくり〜ステップ1

1

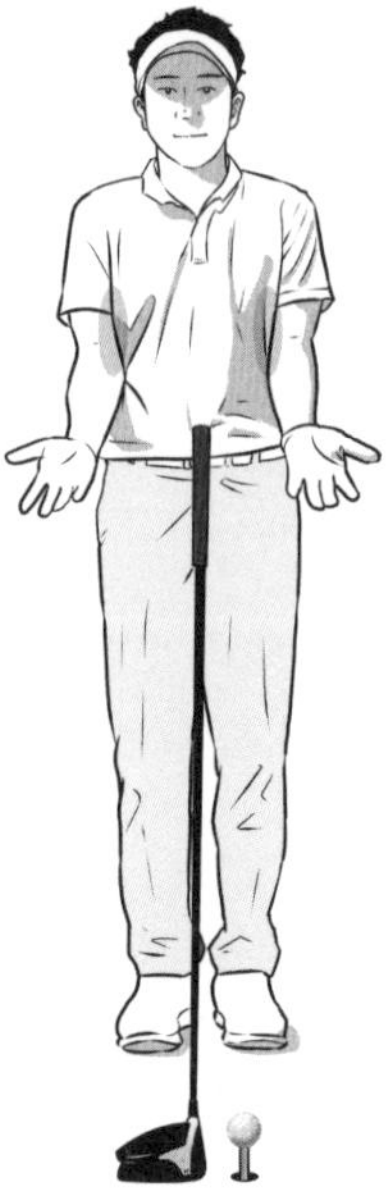

両肘を身体の横に
くっつける

2

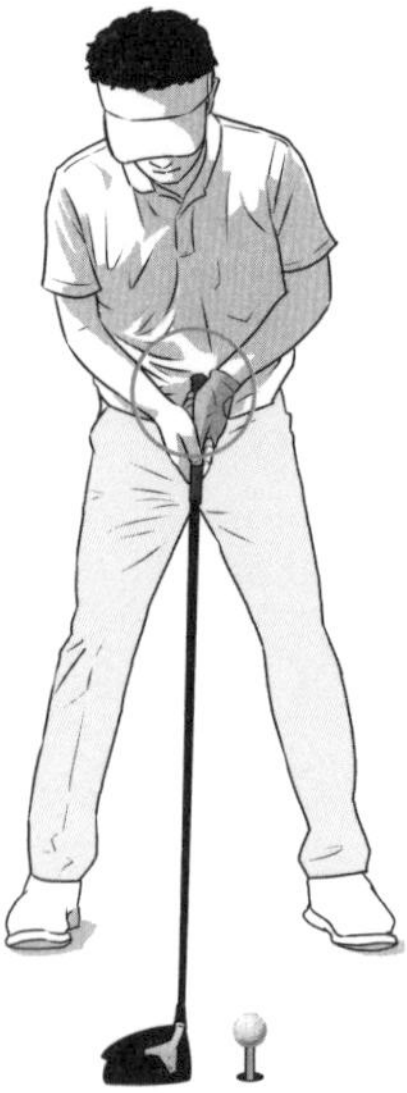

グリップエンドがおへそに当
たるくらいの位置でコンパク
トに構える。このとき、肩が
上がらないように注意

3

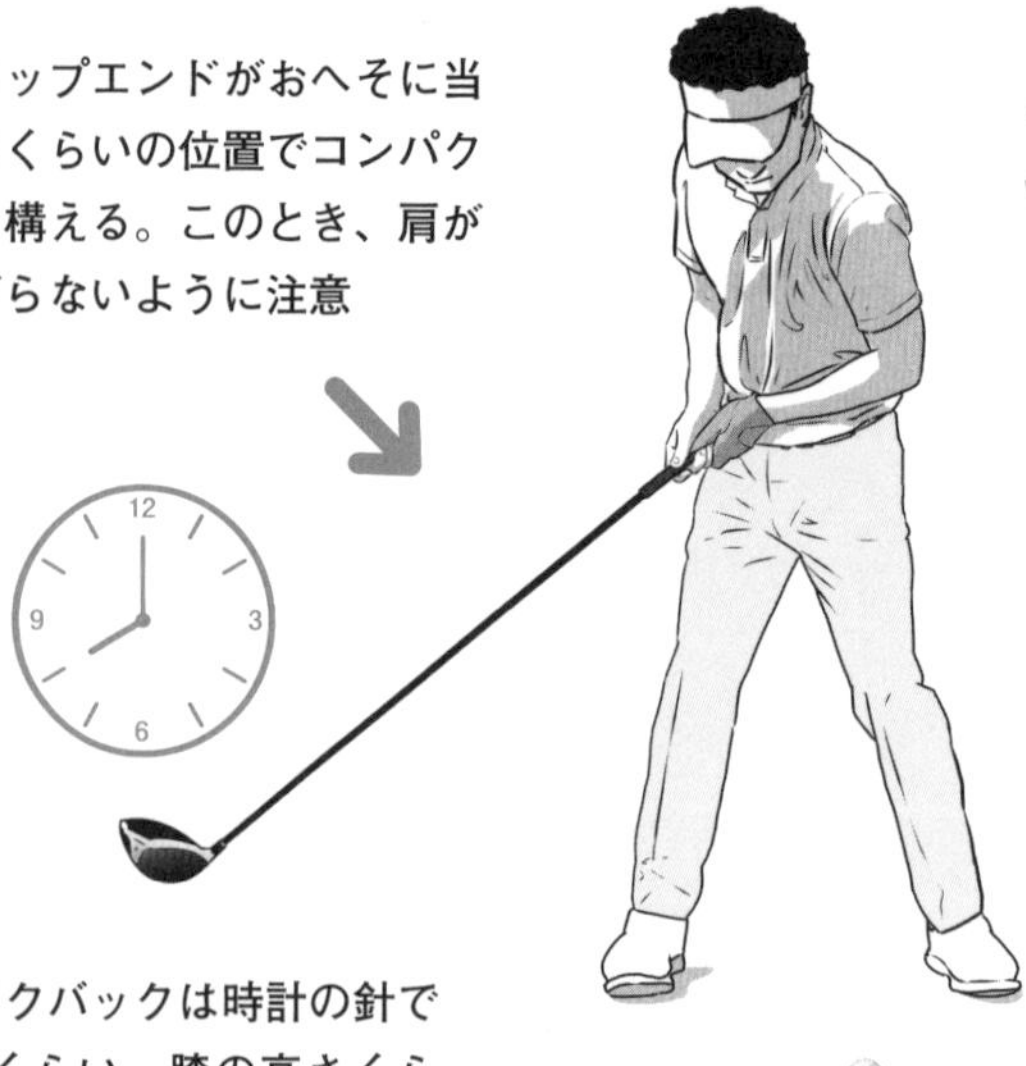

テイクバックは時計の針で
8時くらい。膝の高さくら
いまででOK

肘を身体から離さずコンパクトにスイング

身体で打つ感覚を覚え、小さい動きでジャストミートさせる

振り終わりは時計の針で4時くらい。バックスイング同様、こちらも膝の高さくらいでOK

別角度からクラブの動きをチェック

身体とクラブを一体化
最大効率の動きのベース

身体の回転に沿ってスイングできれば、インサイドインの軌道になります。つまり、ボールとフェースがしっかり正面衝突できるようになります。まずは形づくりの第一歩として、ステップ1では身体とクラブの一体化を身につけていきます。

前ページで紹介したように、両肘を身体につけて、あえて腕の自由を奪ってスイングすることで、身体で打つ感覚を覚えます。

このとき、身体が起き上がると、しっチョロになってしまうので、しっ

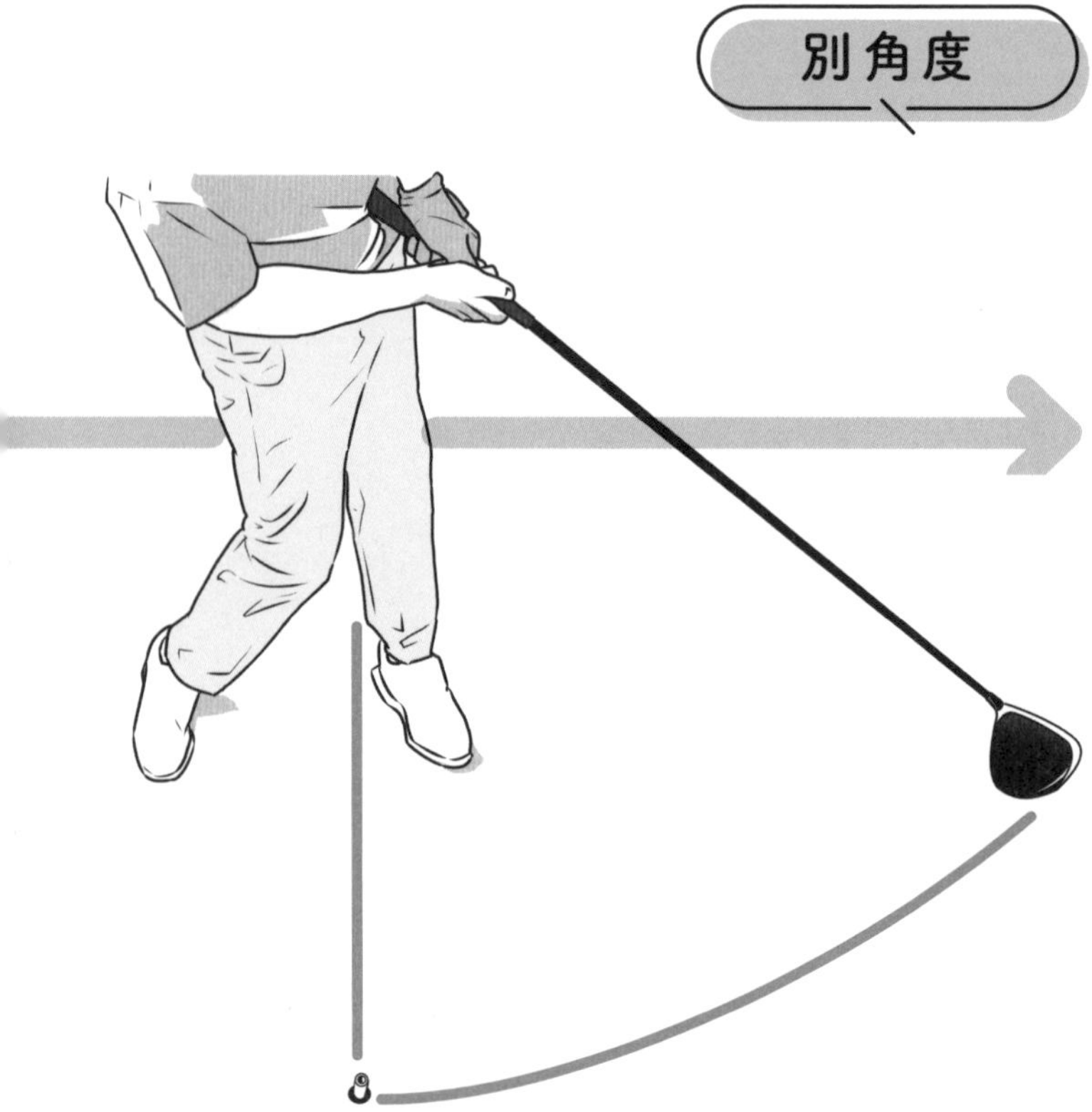

かり前傾をキープします。クラブと身体を一体化させて打つことで、右への身体の反転の仕方、前傾をキープすることの大切さやクラブの軌道を確認することができます。

ボールの音や軌道を判断基準にする

ドライバーの場合、よい場所でボールに当たると高い音がします。この音がうまくできているか、できていないのかのひとつの判断基準になります。ほかにもヒットして弾いている感触や、ほんの少し上に飛び出していくアーチを描く軌道もチェックしてみましょう。

小さい動きで最大効率の動きのベースを知るために、この練習から始めてみてください。

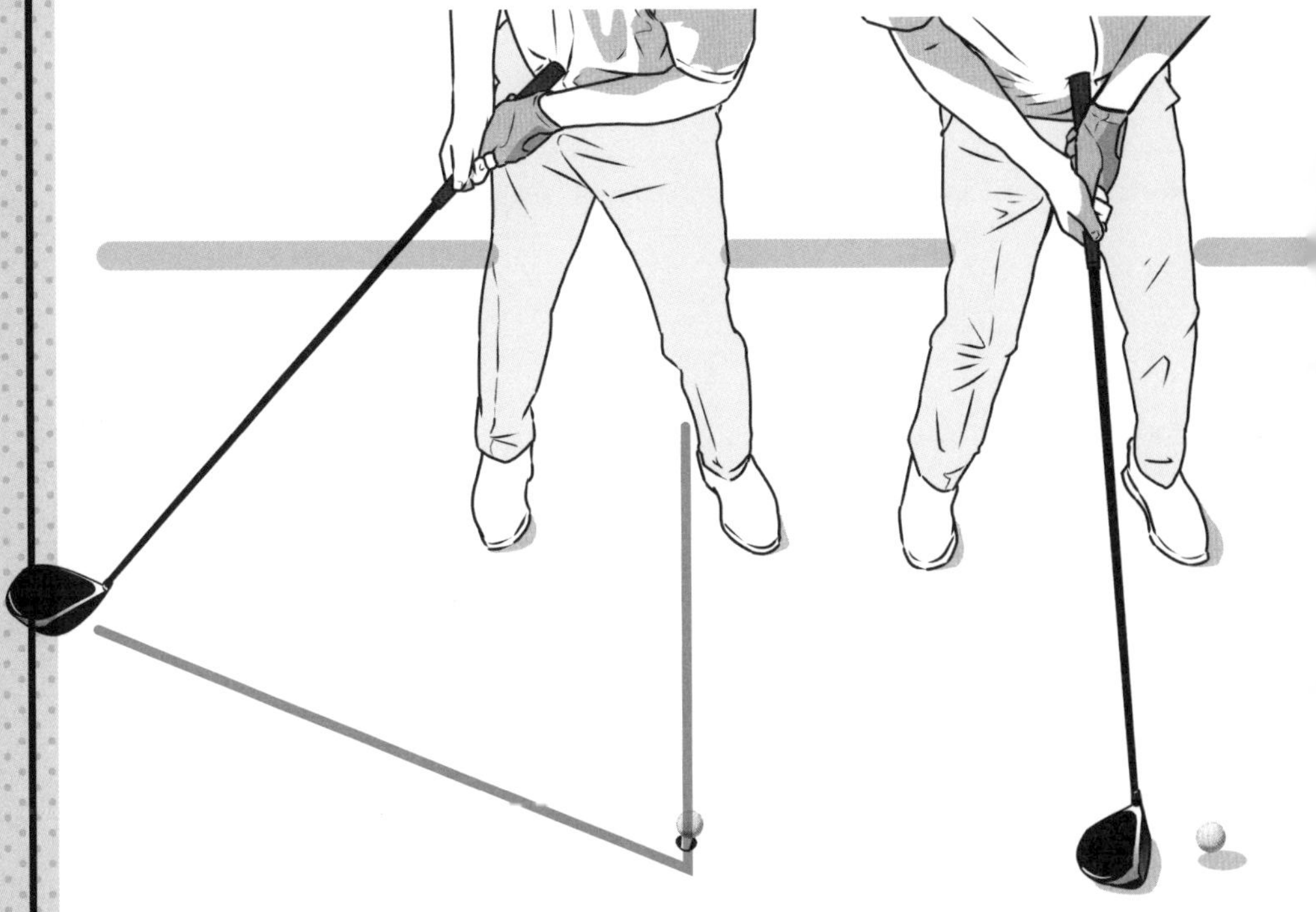

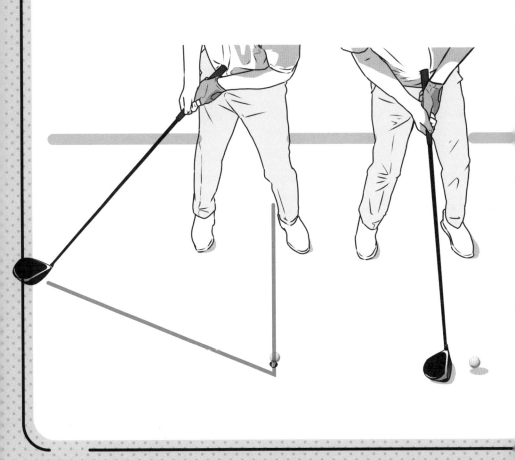

形づくり〜ステップ2

1

ステップ2は通常のセットアップからスタート

2

一体化した状態は崩さずにテイクバックする

動きを確認しながらおこなう

ステップ2も動きとしては基本的にステップ1と同じく、一体化を目的としたものになります。ただし、肘を身体につける形ではなく、通常のセットアップでおこないます。

テイクバックしていくときに一度、膝くらいの高さで止まって、始めのうちは目視してクラブの位置を確認することをオススメします。「膝の高さまで」と言われても、最初からそこで止められる人はほとんどいません。大半は膝より高くクラブが上がってしまっているので、自分の目で確認するようにしましょう。

ステップ1、ステップ2ともに、慣れないうちは、目線と頭を一緒に動かしながらポイントで止まって、動きを確認しながらおこなったほうが成果は上がっていきます。

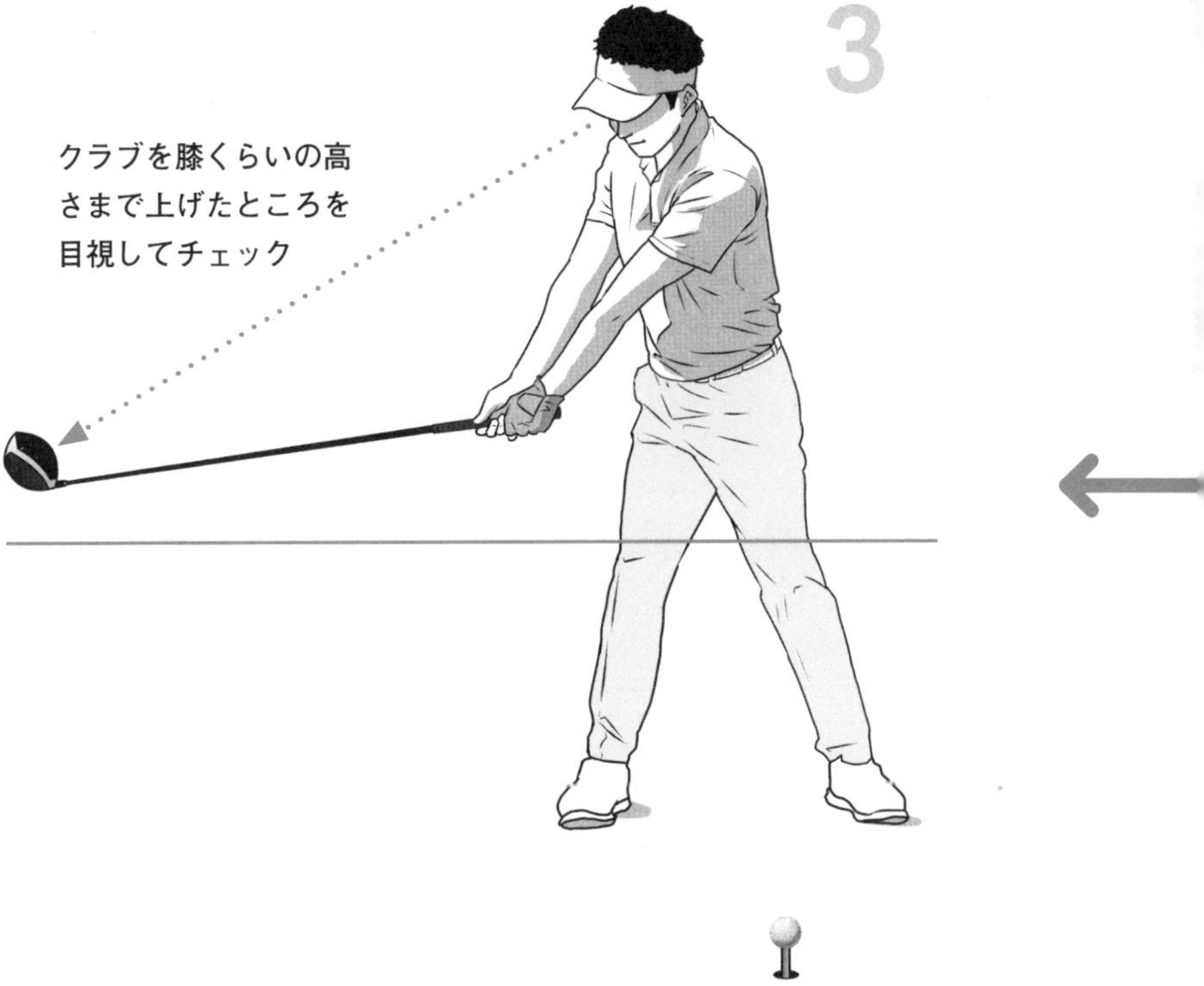
3
クラブを膝くらいの高さまで上げたところを目視してチェック

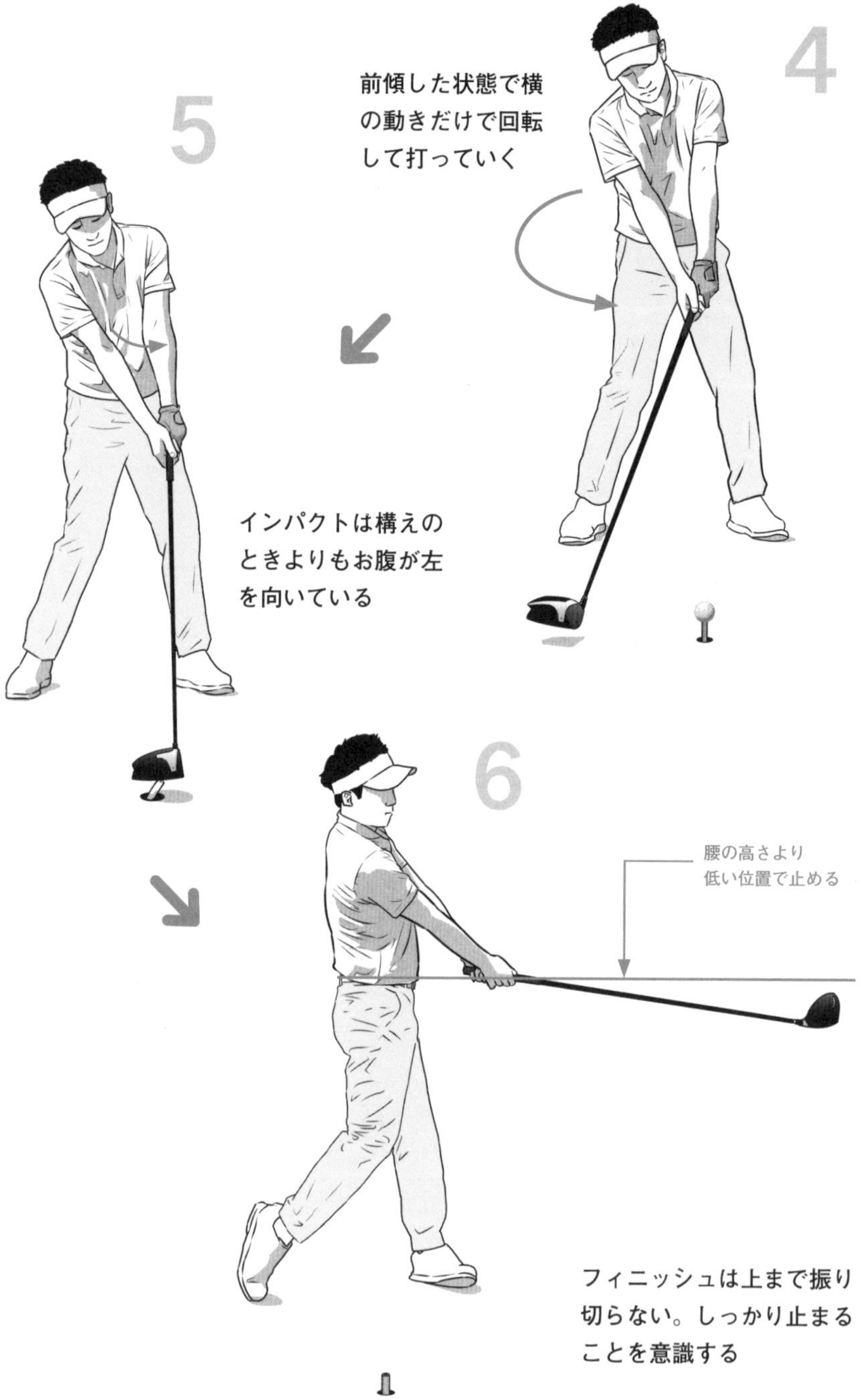
4
前傾した状態で横の動きだけで回転して打っていく
5
インパクトは構えのときよりもお腹が左を向いている
6
腰の高さより低い位置で止める
フィニッシュは上まで振り切らない。しっかり止まることを意識する

横の動きだけでスイング上に振らないフィニッシュ

前傾姿勢を保って低くすることがポイント。クラブと身体が一体化した状態で、前傾をキープしたまま縦の動きは入れずに、横の動きだけをすると、テイクバックは膝から腰くらいまでの高さになるはずです。

手でクラブを上げる動きを制御して、ここからインパクトに向かいます。構えのときよりもお腹が左を向いて、右肘が少し曲がった状態でインパクトします。

通常のスイングと比べると小さい動きですが、下半身やお腹の動きでクラブを引っ張ってきて、インパクトする形を身体で覚えます。

フィニッシュは腰の高さよりも低い位置で止まれるのが、クラブを上に振らない身体の使い方です。

NG ステップ2で注意したいNG

動きを制御できずに手でクラブを上げてしまうと、腰の高さで止めることができない

手で横にクラブを引いてくるのはNG。身体でクラブを引いてくることで一体化できる

形づくり〜ステップ3

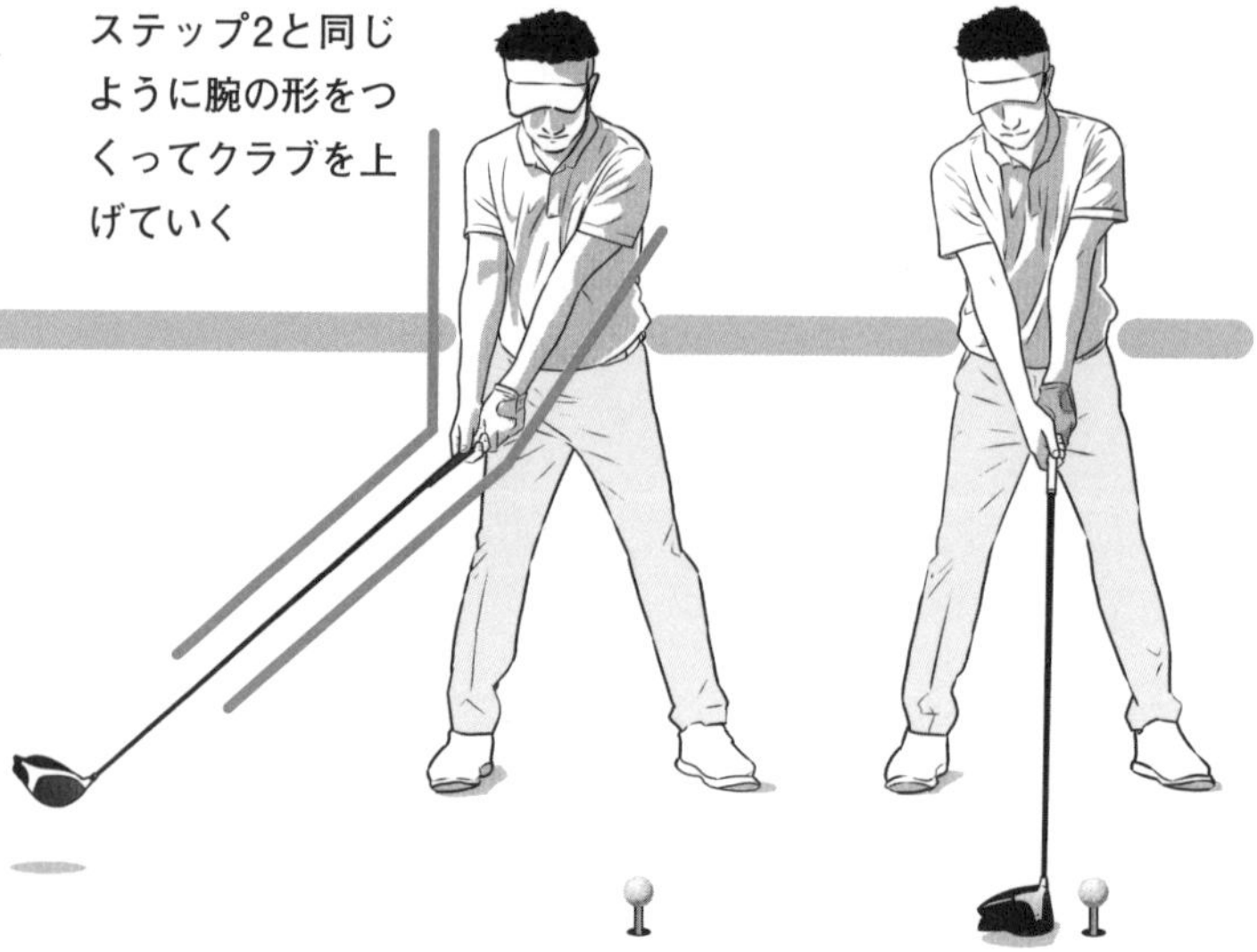
ステップ2と同じように腕の形をつくってクラブを上げていく

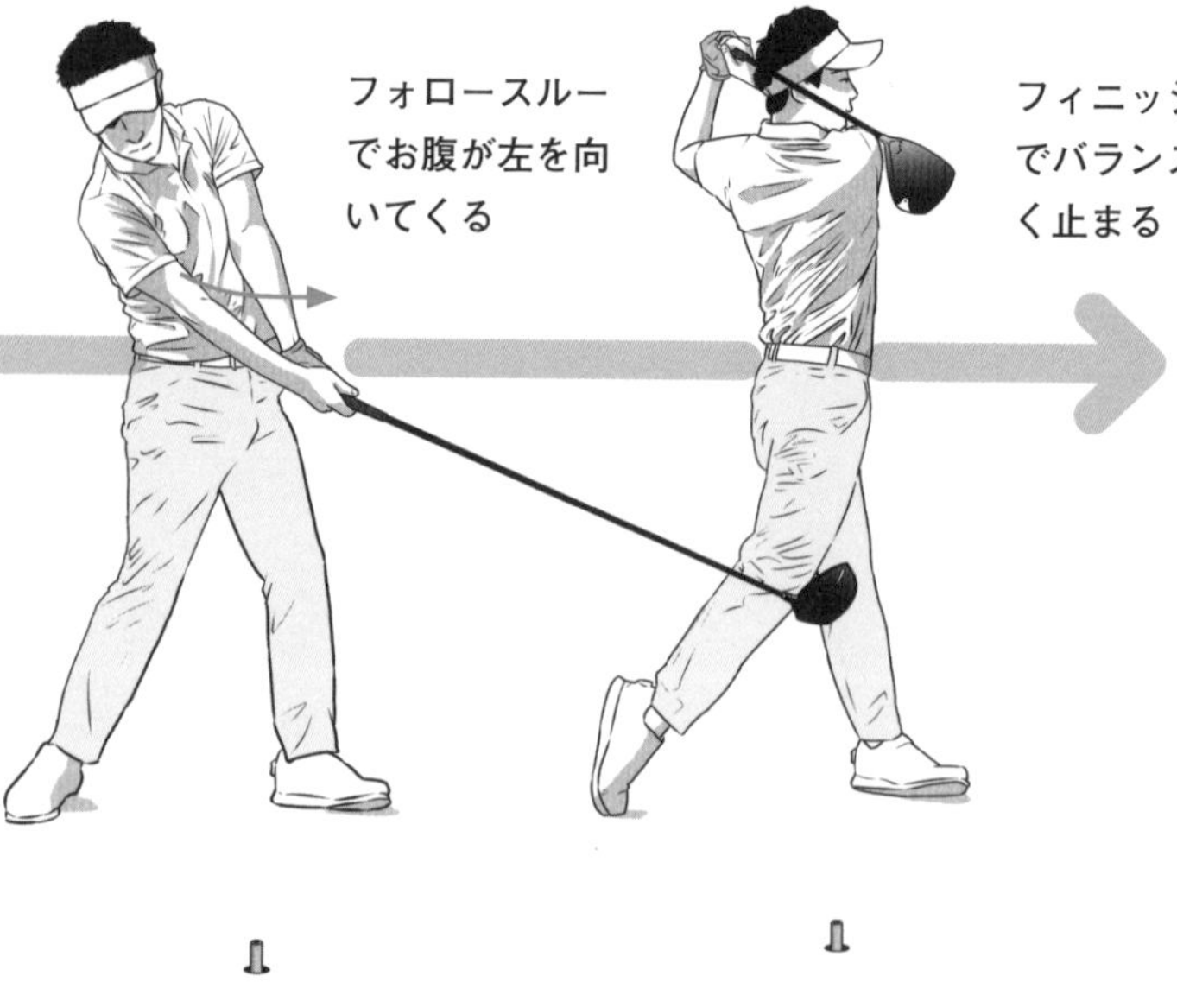
フォロースルーでお腹が左を向いてくる
フィニッシュでバランスよく止まる

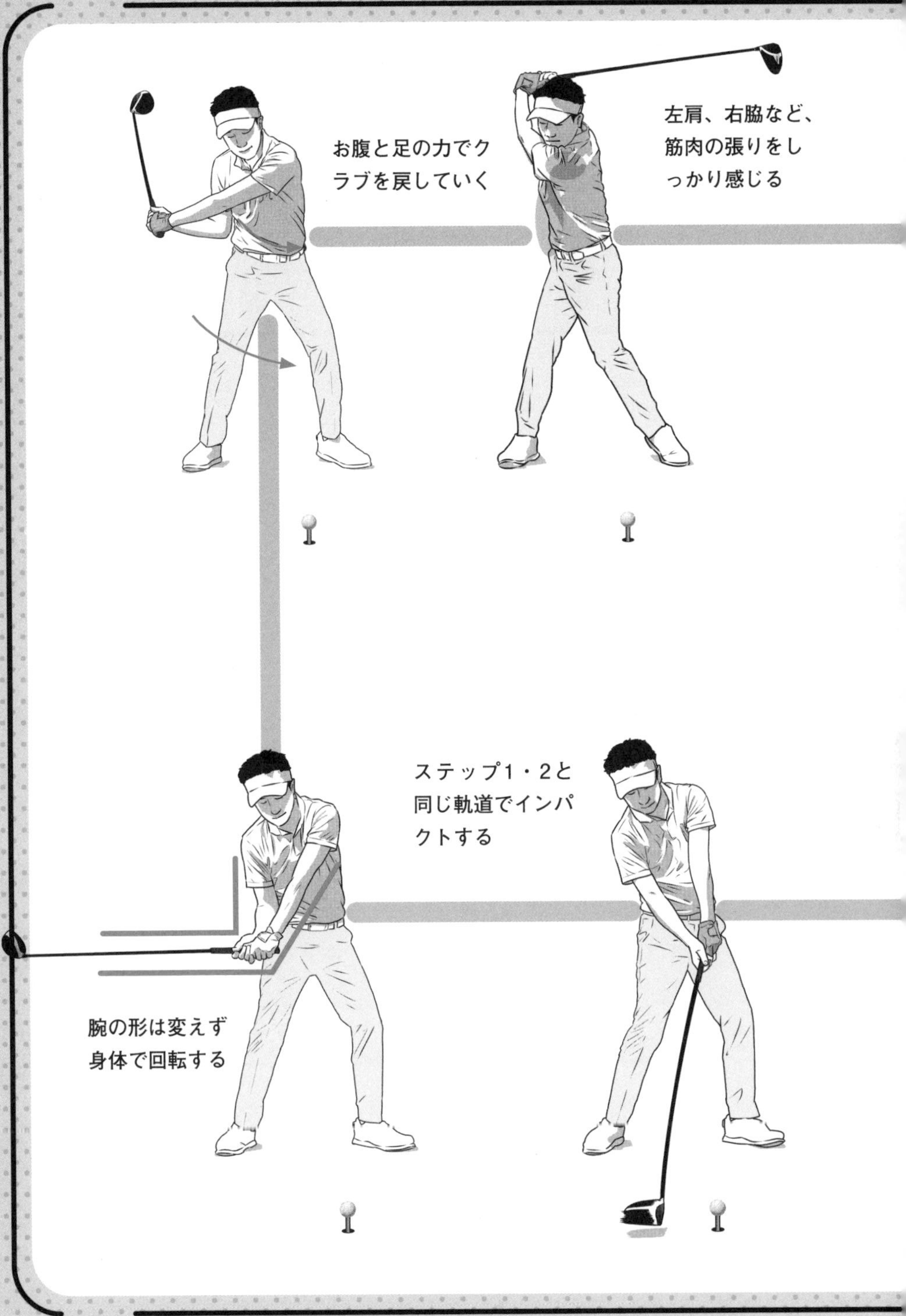
お腹と足の力でク
ラブを戻していく
左肩、右脇など、
筋肉の張りをし
っかり感じる
ステップ1・2と
同じ軌道でインパ
クトする
腕の形は変えず
身体で回転する

動作が大きくなってもつくった形は変えない

初心者の方にクラブを持って振ってもらうと、ほとんどの場合、手でクラブを振り上げてボールの上を振ってしまうような動きになります。これは腕の感性に頼ったほうが、当たる確率が高いだろうと無意識に判断するからです。

実際には腕よりも大きな筋肉を動かして打つほうが確率は高く、そうなると、腕の役割は変わってきます。腕は当てにいくのではなくて、形をつくっておいて、身体の動きで当てにいくのです。

いわゆる手打ちというのは、ボールに当てにいく動き、フェース面の管理など、腕に何役もやらせることになるので、ゴルフを難しくしてしまいます。

前傾姿勢、腕の形は変えない

OK

スイングが大きくなっても前傾姿勢や腕の形は変えずに、ステップ1・2と同じルートで振っていく

先のページで紹介してきた形づくりのステップ1・2では、腕の動きを制御することで身体を使ってクラブを動かすことを身につける練習をしてきました。

そのあとは最終段階のステップ3では、実際のスイングのように筋肉の張りをしっかりつくって、お腹でクラブを戻してきて、ステップ1・2と同じルートで振っていくという軌道づくりになります。

小さい動きで形をつくってきたステップ1・2よりも動作が大きくなるので、せっかくつくった形が崩れないように注意します。

腕を縦に使ってひねりながらクラブを上げてきますが、腕を縦に動かすときは、必ず身体の正面で動かします。また、腕が単独で動くのではなく、お腹や足の力を利用して動かすことは忘れないようにしましょう。

NG

前傾が崩れ、腕の形が変わる

腕を単独で動かして前傾姿勢も崩れてしまう形はNG

アウトサイドインの矯正

ゆっくりの動作で新しいクセをつける

初心者の方でも、経験者でたくさん打っている方でも、自分の持っている感覚、自分にしかない感性があります。誰しもクラブを持ってボールを打つとなったときは、自分の持っている常識で判断して打ちますが、それがその人の感性、個性です。

その感性、個性は、ゴルフにとっ

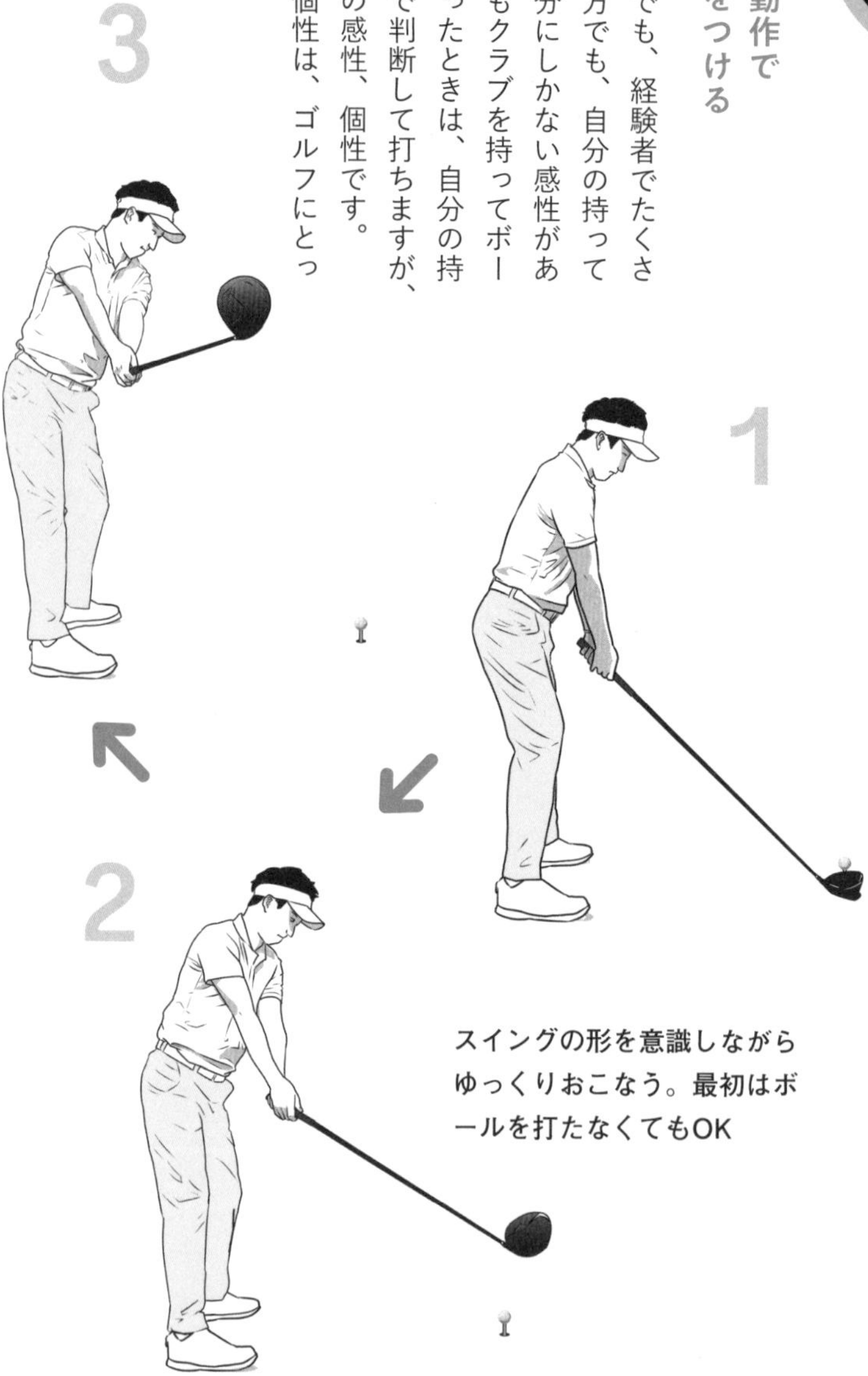

スイングの形を意識しながらゆっくりおこなう。最初はボールを打たなくてもOK

ては99・9パーセントが効率の悪いほうの動きになります。ゴルフにとっての効率の悪い動きというのは、身体にとっては効率がよい動きだからです。

　身体にとって本来やらなくてもいい苦しい動きが、ゴルフにとっては効率のよい動きとなります。楽もしたいし、気持ちよくクラブを振りたいけど、上達もしたい。気持ちよさと上達の両立がなかなか難しいのがゴルフの特徴とも言えるかもしれません。

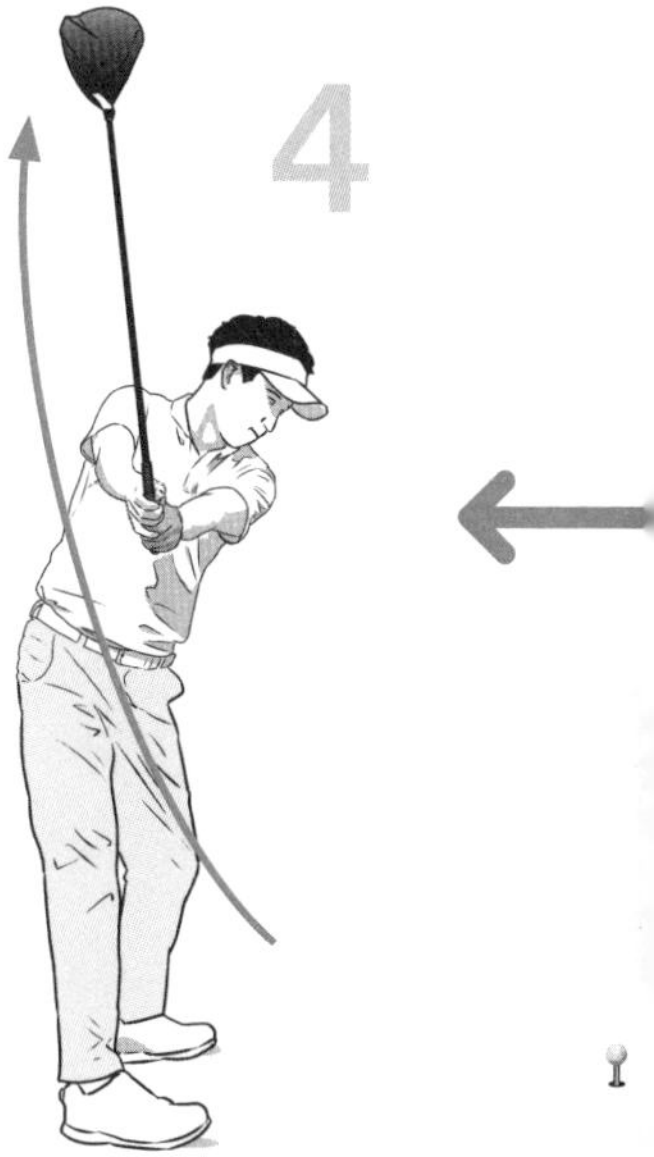

レッスンでスイングや軌道のメカニズムを説明して、頭では理解してもらったとしても、クセというのは本当に厄介で、頭で理解しただけでは修正できません。新しいクセで上書きする必要があるのです。

ここで紹介するのは、アマチュアの方に多いアウトサイドインの矯正です。アウトサイドインの軌道とは、ターゲットラインに対して外側からヘッドが入り、インパクト後は内側に抜けていく軌道のこと。ボールの外側からクラブが当たるので、右回転がかかってボールはスライスします。アウトサイドインのスイングのため、スライスばかり出てしまうという方はとても多いです。

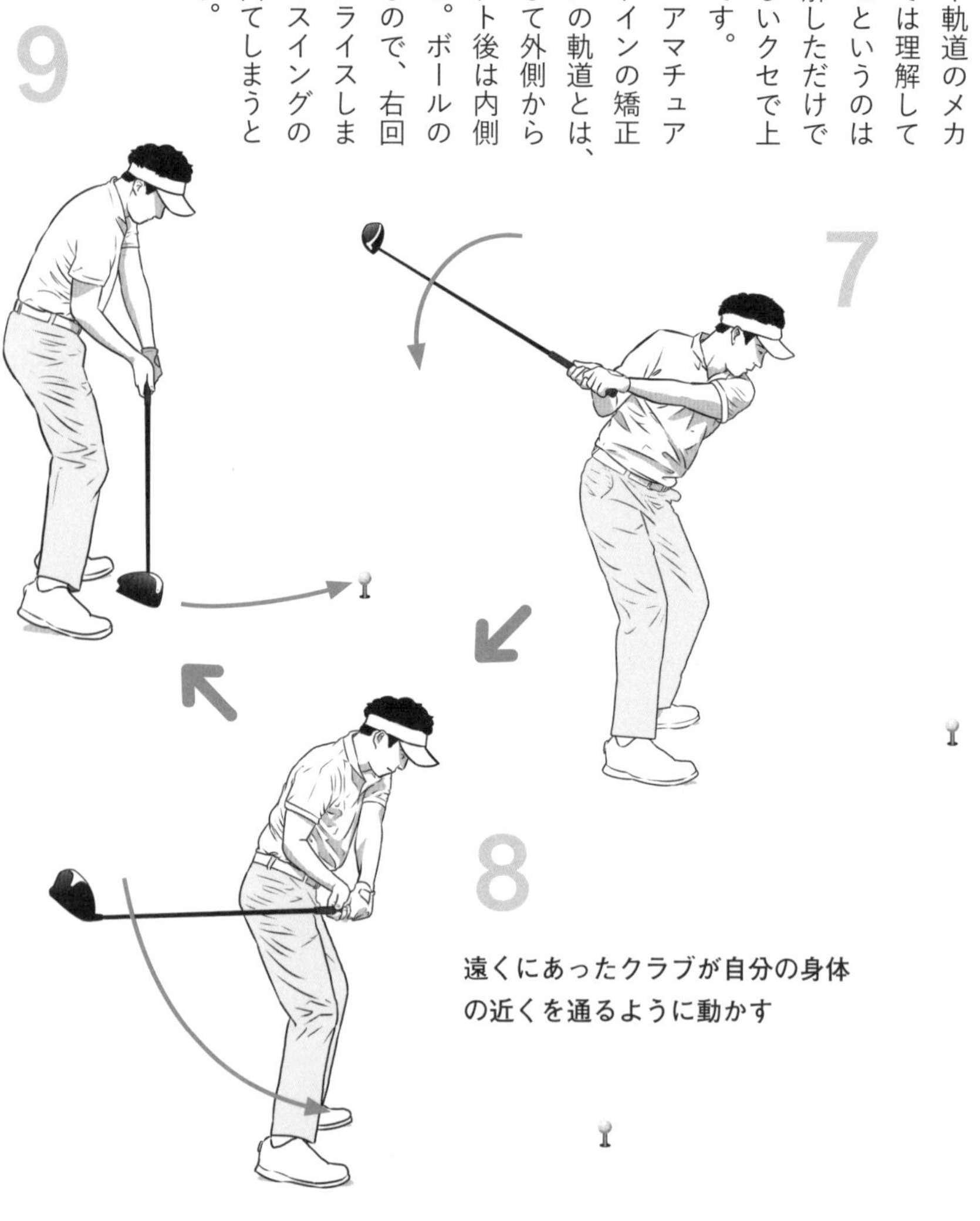

遠くにあったクラブが自分の身体の近くを通るように動かす

クセになっているこのスイングを矯正するには、新しいスイングのクセをつけていくことが大事です。はじめはスローモーションで構わないので、クラブの軌道が自分の目で見てもインサイドからきていることがわかるような速度で、遠く↓近く↓遠くとクラブを動かします。

最初は素振りから始めて、ボールがある状況でもできるようにしていきましょう。スピードを上げていくと、必ず自分のクセに戻ってしまうときがあるので、それがどれくらいのスピードなのかを認識して、クセが出やすいスピード感のスイングで練習を繰り返して、新しいクセをつけていきましょう。

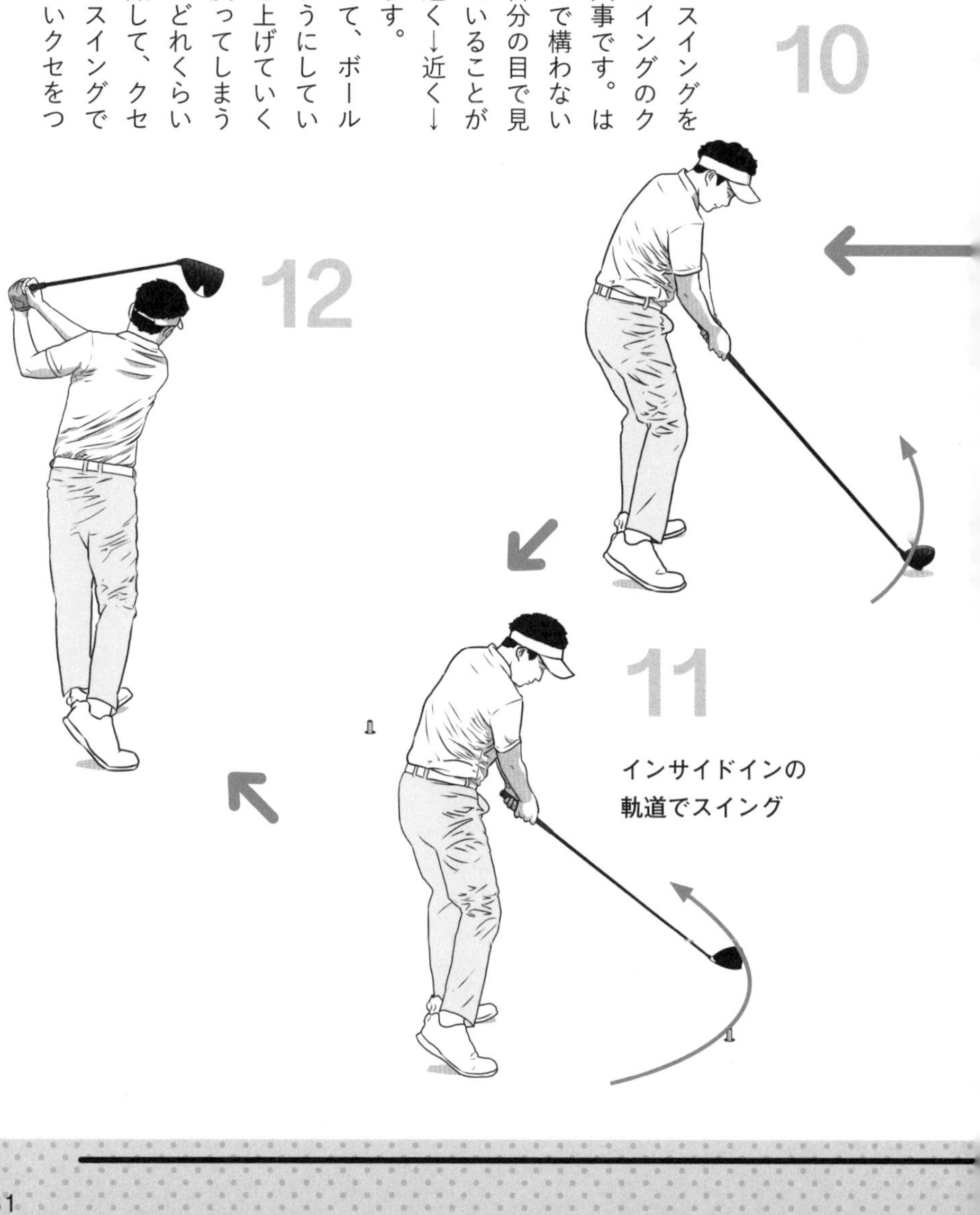
10
11
インサイドインの
軌道でスイング
12

Column 2

フルショットでスイングは変わらない

遠くへ飛ばすにはフルショットが大事……と考える人もいると思います。しかし、飛距離を伸ばすためのスイングをつくるためには、形づくり、小さいスイングが重要です。逆に言うと、フルショットでスイングを変えていくことはできない！と断言できます。

10年以上、レッスンを見てきましたが、小さいスイングをやり続けてきた人ほど、結果的には早くスイングが変わり、飛距離が伸びています。小さい動きでできないことは大きい動きではできません。だからこそ、小さいスイングでクセを直し、効率のよい軌道や当て方を身につけていくことが大事なのです。

どれくらいスイングを変えるかによって変化の時期は変わってきますが、今日、明日で変わるものではありません。スイング軌道がよくなれば、３カ月から半年で飛距離は変わると思います。ある程度形ができてからスピードを上げていく作業は半年から１年はかかるでしょう。

より精度を高める変更だとしたら、プロでも２～３年かかると言われています。毎日練習しているプロですらそれだけ時間がかかるものだということを頭に入れて、形づくりに取り組んでください。

第5章

完全図解！飛ばしドリル

ドリル① 素振り

スピードを上げるには打つよりも素振り

ボールを遠くに飛ばすために必要なことは、大きく分けるとふたつあります。ひとつはスピード、スイングスピード（ヘッドスピード）を上げること。そしてもうひとつは、ボールを効率よくインパクトするためのクラブ軌道です。

形づくりでクラブ軌道、身体の使い方を習得し、効率のよいインパクトができるようになったら、次はスピードを上げても、そのインパクトをできるようにしていきます。

形づくりでおこなった一体化のままでは、当然スピードは出ません。そこにどう腕を速く振れる動きをプラスしていくかがポイントです。

レッスン生には、よくこんなたとえ話をしています。ゴルフのスイングを振り子のブランコだとすると、ブランコ自体の動きは身体でおこなっている動きです。ブランコをさらに加速するには、後ろから背中を押してあげるようなアシストが必要です。身体をより伸ばして捻転差をつくり、右に引っ張る力が強くなるほど、左に戻っていく力も強くなります。その結果、スイングスピードは速くなります。

こうした身体の使い方を覚え、スイングスピードを上げていくためには、ボールを打つよりも、素振りがとても重要です。

ボールを打つと、どうしても当てにいってしまう分、スピードは上がりません。スピードの絶対値を上げていくために素振りをたくさんおこないましょう。

ポイントは足を使うこと音が大きくなるように

実際に素振りをおこなう際は、スタンスを少しワイドにセットアップします。両足を順番に動かして身体をねじる動作を入れつつ、体重が左から右に乗った勢いで高く振り上げ、クラブの勢いを利用してスイングします。

ポイントは足を使うこと。踏み込

む力を利用して身体を勢いよくねじります。〝ビュン〟というスイングの音が大きくなるように意識して振りましょう。

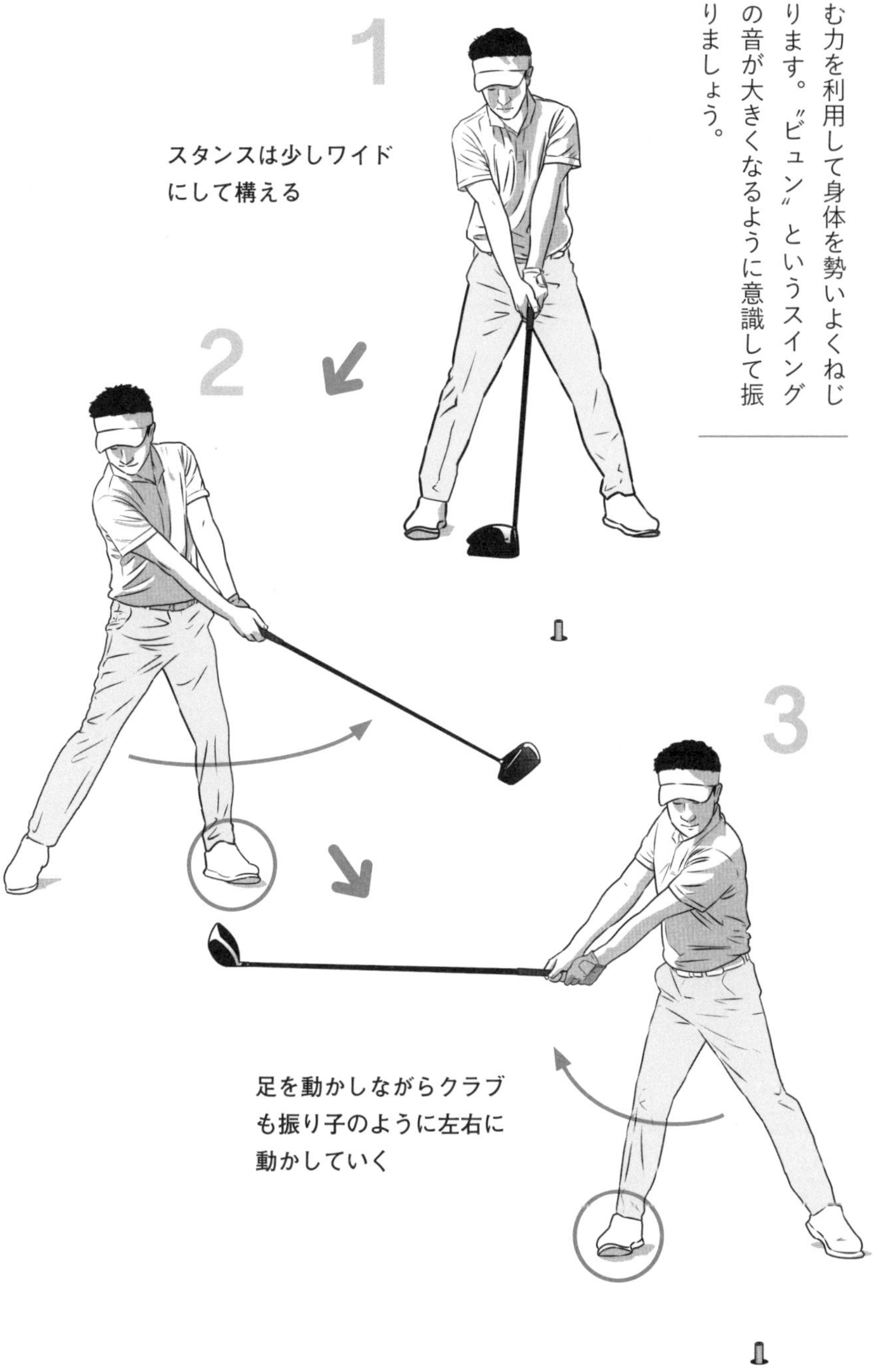
1
スタンスは少しワイドにして構える
2
3
足を動かしながらクラブも振り子のように左右に動かしていく

4

左右への動きを少しずつ
大きくしていく

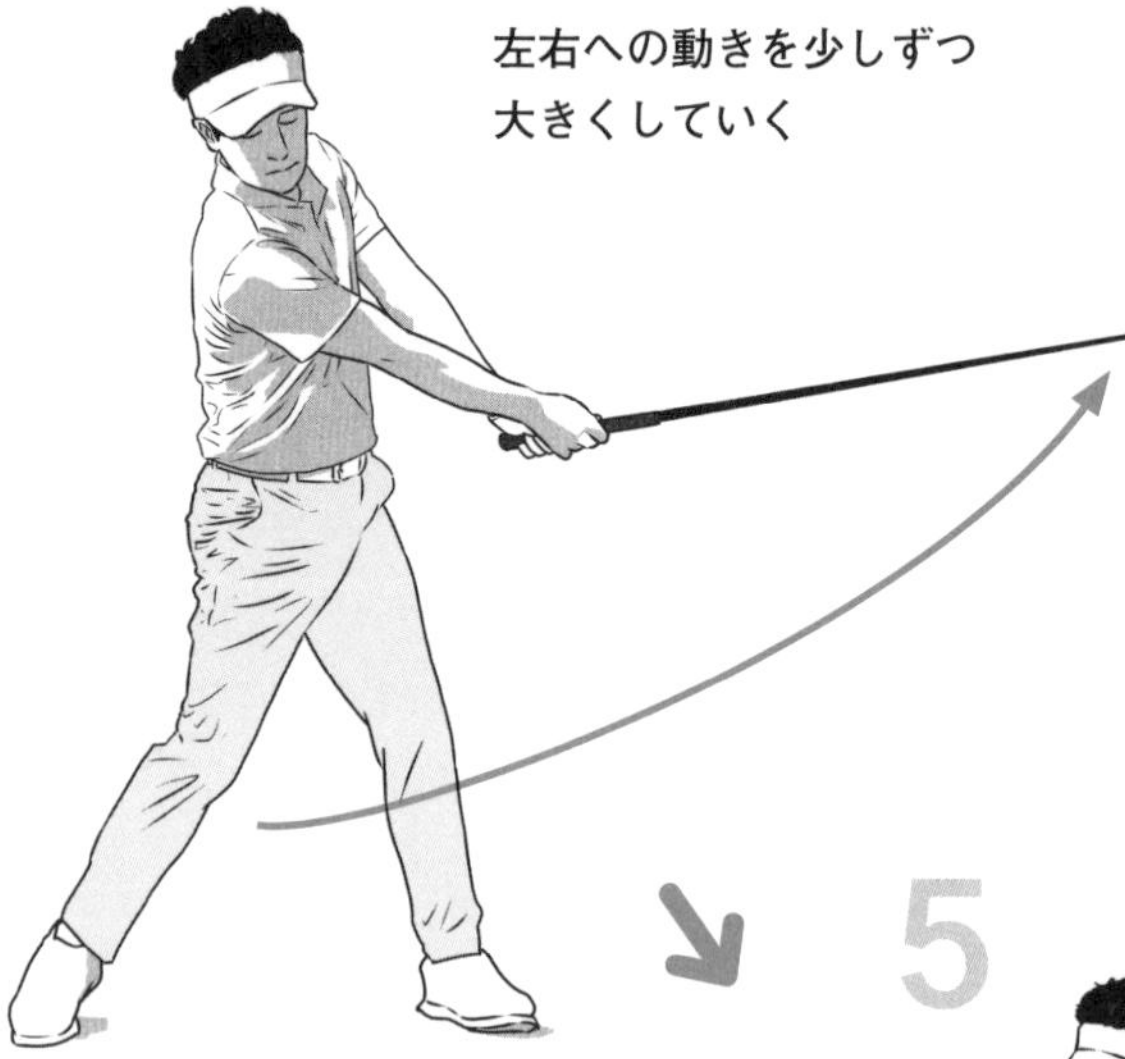

5

6

体重が左から右に乗った勢いでクラブを振り上げる。このとき、上半身と下半身にしっかり捻転差がある状態になっているように

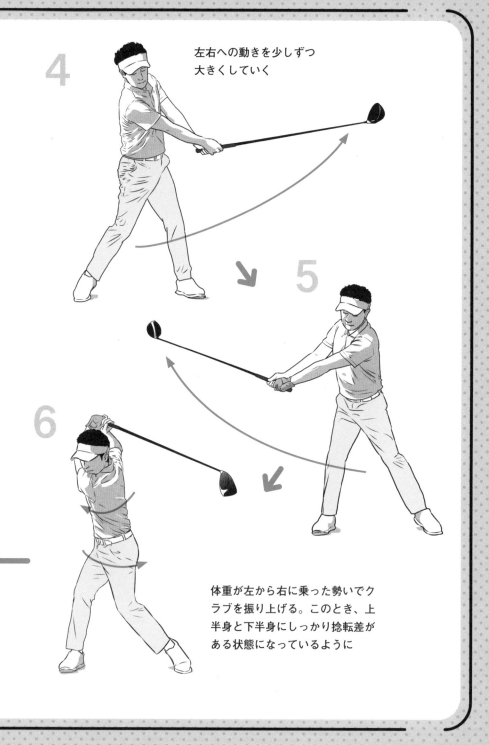

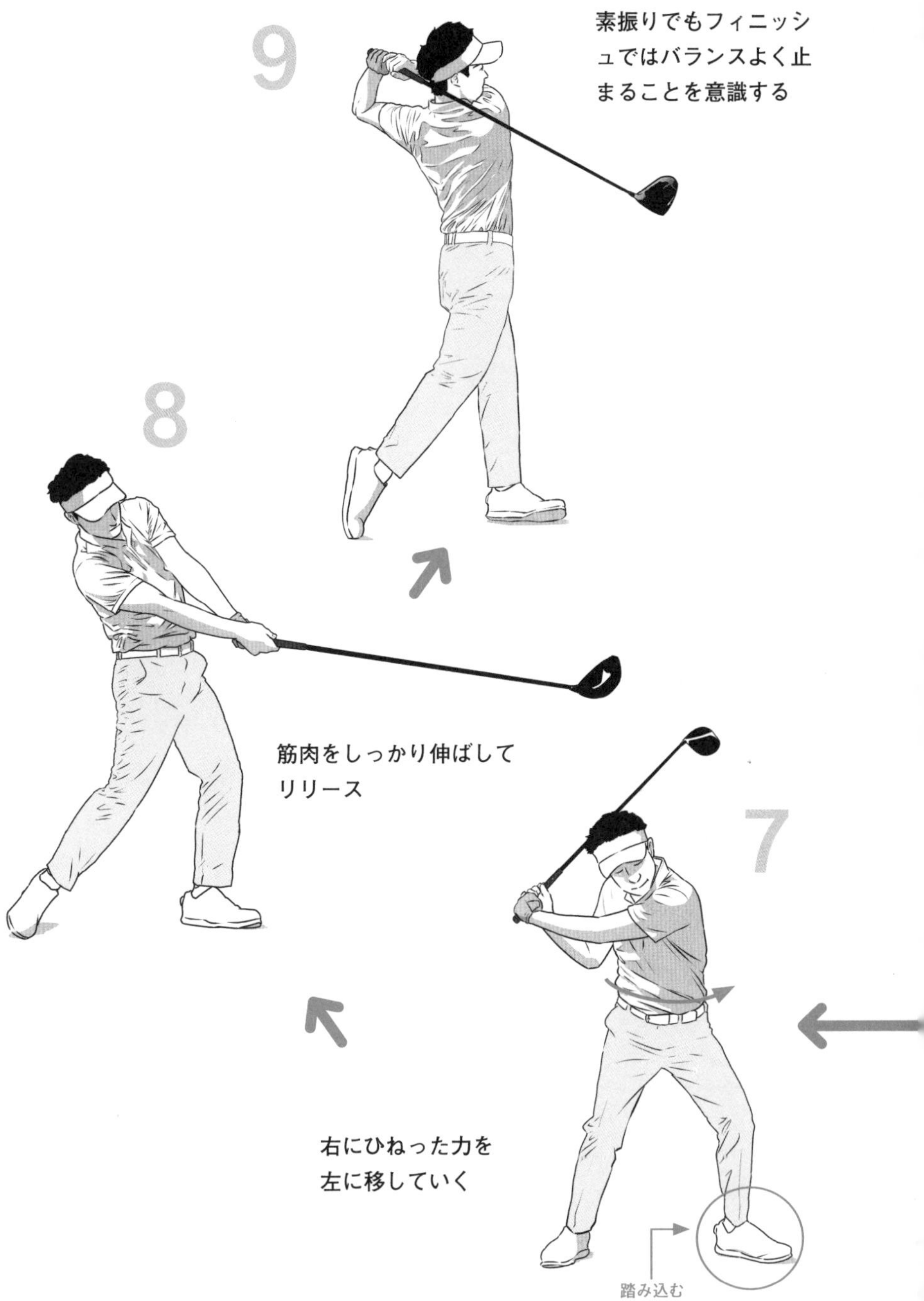
9
素振りでもフィニッシュではバランスよく止まることを意識する
8
筋肉をしっかり伸ばしてリリース
7
右にひねった力を左に移していく
踏み込む

第5章
飛ばしドリル
—
2

ドリル② 右手一本での素振り

使い方とスピードを意識 右手の役割は引くこと

両手を使っての素振りに続いては、片手での素振りです。右手、左手と一本ずつで振ることで、それぞれの動きをチェックしていきます。

このドリルの目的は、腕の使い方を覚えることと、スピードを上げていくことです。

片手の素振りの場合、いつもどおりクラブを持つと重たくて扱いづらくなるので、負荷が軽くなるようにクラブヘッド側を持っておこないます。

右手を速く振るためにはリリースの動き、腕を巻きつける動きが重要です。スイングのスピードで〝ビュン〟という音が鳴るように、意識して振りましょう。

グリップのページで紹介したように、最大効率スイングにおいて、右手の役割は引っ張ることです。肘が自分のお腹のほうを向いたまま、身体の回転でクラブが動いてきて、右肘が曲がった状態でクラブを引きつけてスイングします。

よくあるNGである、曲がっている右肘と手首を伸ばしていく振り方は、押す動きになるので間違った使い方です。この動かし方をするとクラブがしなりづらく、最大効率スイングにはなりません。

テクニックとして、右手を押すような動きで使う場合もありますが、基本として右手は引く動きで使うことを身につけましょう。

手打ちにならないように注意 前傾姿勢をキープして振る

スイングスピードを速くすることが目的のひとつではありますが、手だけで速く振ろうとするのはNGです。手だけでクラブを操作すると、前傾姿勢が崩れて身体が起き上がってきてしまいます。

必要以上に力を入れる必要はないので、手打ちにならず、正しい前傾姿勢をキープした右手の使い方で素振りを繰り返してください。

右手一本でクラブ
ヘッド側を持つ
1
2
3
左手を下ろしているとスイング
の邪魔になるので右胸に当てる

4
肘はお腹のほうを向いた
まま巻きつけるように
5
力まず音が鳴るくらい
のスピードで振る
ビュン！
6
フィニッシュは
バランスよく

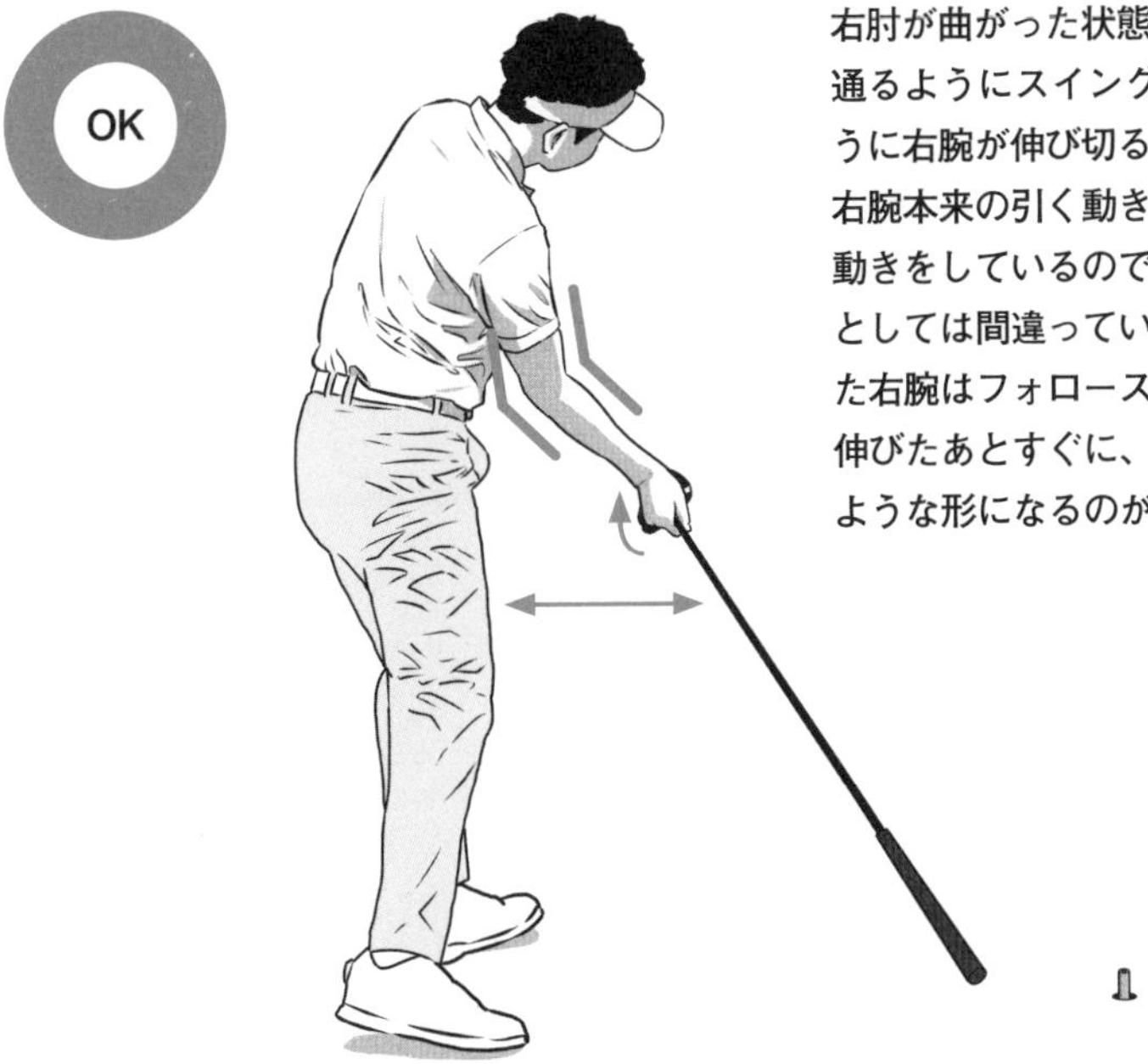

右肘が曲がった状態で身体の近くを通るようにスイングする。NGのように右腕が伸び切るということは、右腕本来の引く動きではなく、押す動きをしているので、右腕の使い方としては間違っている。曲がっていた右腕はフォロースルーで勢いよく伸びたあとすぐに、首元に巻きつくような形になるのが理想的

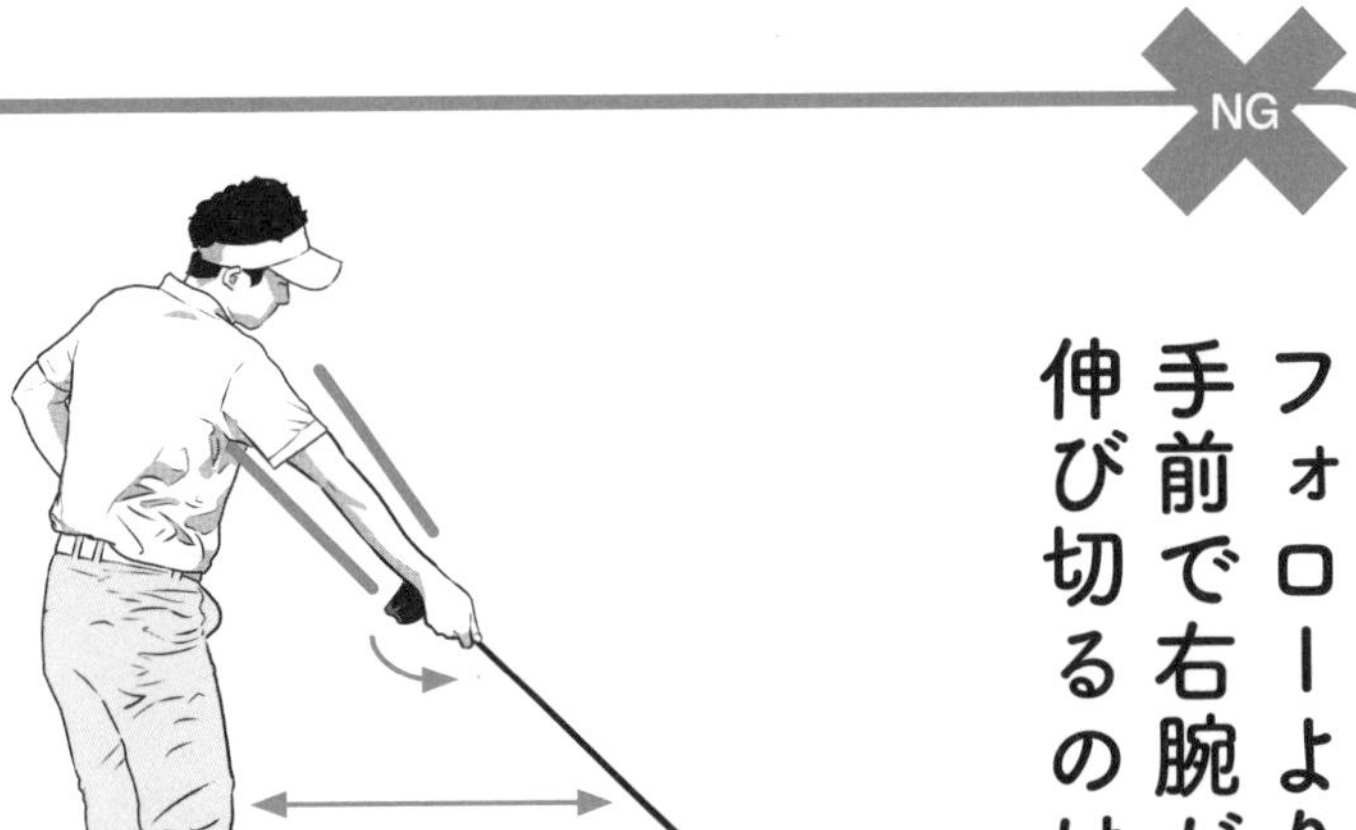

フォローより手前で右腕が伸び切るのはNG

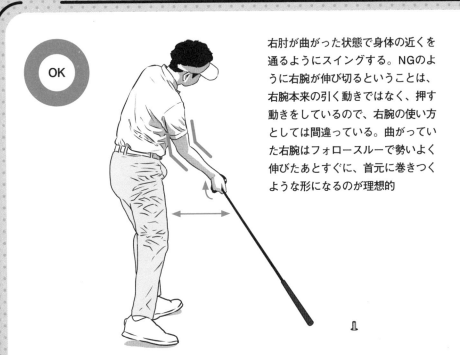

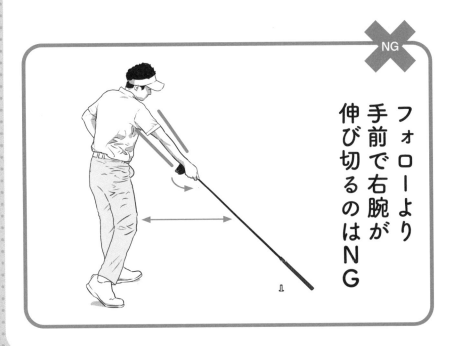

ドリル③ 左手一本での素振り

左手の役割はクラブを押す動き

右手に続いては左手一本での素振りをおこないます。

片手の素振り、片手打ちは、それぞれの手の使い方、動き方を知ることにつながります。プロゴルファーでも取り入れている方が多い練習なので、読者の皆さんにもぜひ取り入れてほしいと思います。

右手のスイングはクラブが巻きつく動きがポイントでした。左手のスイングでは、クラブと身体を連動させることを意識しながら素振りをおこなうとよいでしょう。

最大効率スイングにおける左手の役割は、クラブを押す動きです。テイクバックでは、左腕を右下に伸ばすような形で押し込んでいきます。

クラブが上がってきたときに大事なのは、左腕に張りを感じること。肩から上腕、前腕にかけて、張っている状態になります。素振りに力は必要ありませんが、身体の張りがしっかりあることは意識しておこないましょう。

身体が止まると左手が引いてしまう

両手でのスイングの場合、左手は常に下に向かって押す力が働いています。グリップエンド（このドリルではクラブヘッド）がボールに向かって押してくるような動きになりますが、押している方向が変わらないことがポイントです。

右手の素振り同様、腕だけで振るのではなく、身体の回転で振れるようになると、実際のスイングでのフェースコントロールもうまくなっていきます。

身体が止まった状態でスイングすると、ボールに当てるために左手を引く動作をすることになります。そうなると、スライスの打球が出やすくなってしまいます。逆に身体は止まってクラブだけが進んでいくと、フックの打球が出やすくなります。飛距離と精度を求めるなら、押している左手と引いている右手のバランスを保ったまま、前傾姿勢をキープして、身体で回転することが大事になります。

右手のときと同様、クラブヘッド側を持って、右手はスイングの邪魔にならないようにお尻を押さえるようにして固定し、左手一本の素振りを繰り返していきましょう。

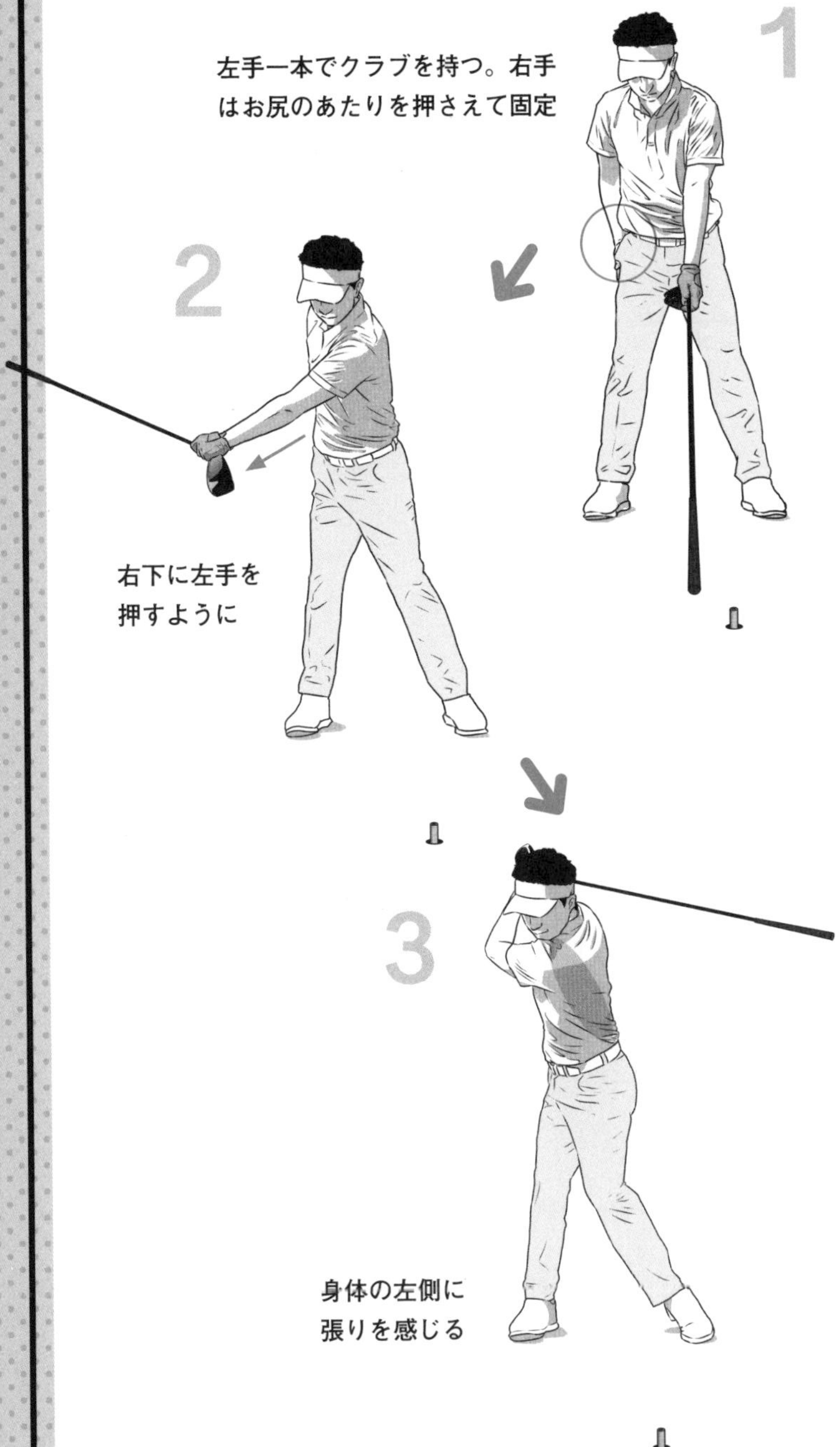
1
左手一本でクラブを持つ。右手はお尻のあたりを押さえて固定
2
右下に左手を押すように
3
身体の左側に張りを感じる

4
身体とクラブを連動させながら
左手は押す動き
5
6
しっかり振り切ってフィニッシュは
バランスよく止まる

OK

クラブは身体で動かす

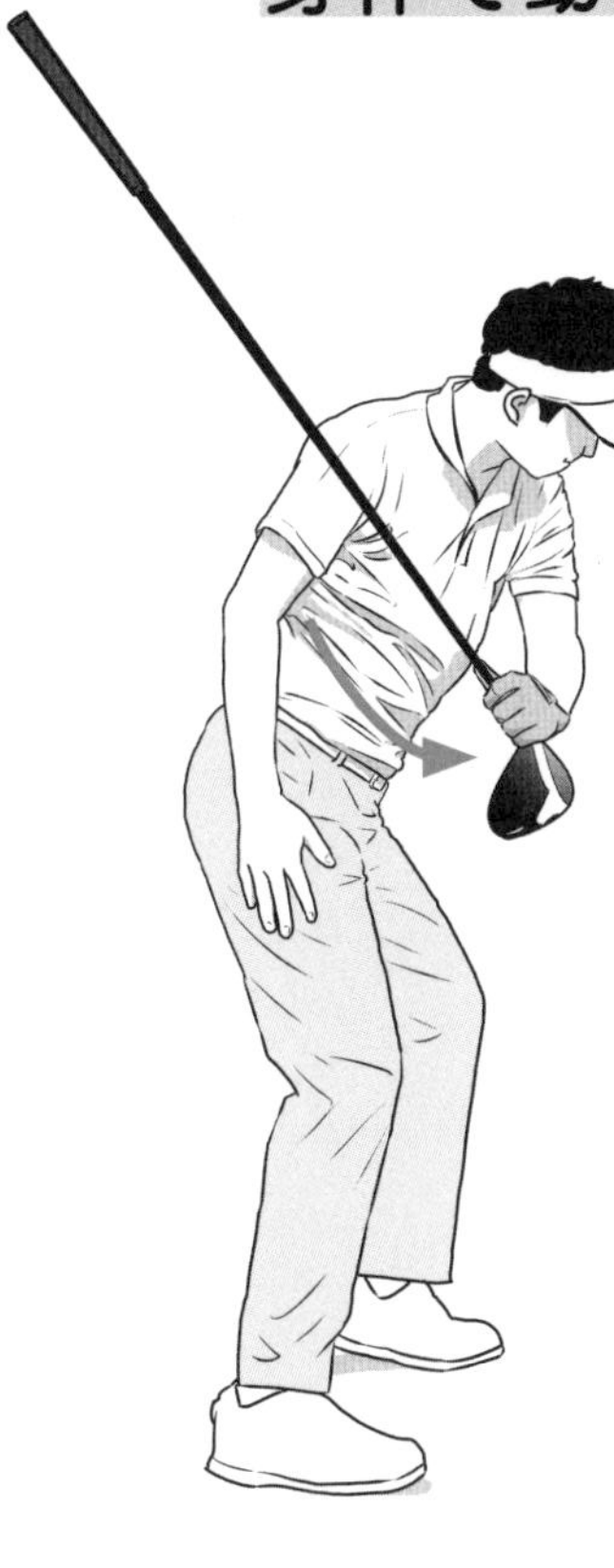

NG

左手を引いて使うのはNG

左手一本の素振りをするとき、気をつけたいのは、クラブを引いて動かしてしまうこと。クラブは身体の近くを通るのだが、横の動きで引いてしまうとスピードが出なくなってしまう

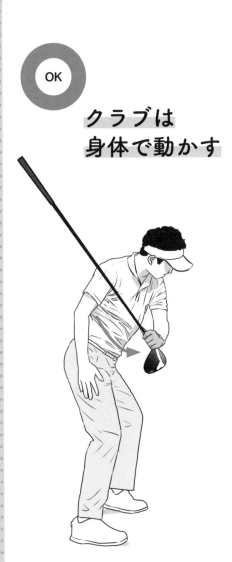

第5章
飛ばしドリル
—
4

ドリル④ パワースイング

足の裏で地面を押す

スピードを上げるためのドリルを紹介してきましたが、ここで紹介するパワースイングは、文字どおりパワーを重視した練習です。

通常のスタンスよりも足を1・5倍から2倍くらい広げて、腰を落とした姿勢でボールを連続で打っていきます。

足を広げることで、どこに力を入れればよいのか、どう踏ん張ればよいのかということを実感できます。軸を安定させて腕を振っていくので、正しく力を入れると練習になります。しっかり振るとかなりしんどいので、回数を多くできる練習ではありません。

足は広げていますが、足の動きは通

足は通常の1.5～2倍
に広げる

常のスイングと同じです。足がめくれないように、力を地面にぶつけて押すようにします。この姿勢で振ると、普通に振るよりも苦しいので、フィジカル面のトレーニングにもなります。

　注意点としては、力を上に逃がさないことです。足は固定していますが、膝やお腹、腕はしっかり動かします。打ち終わったあと、左足に体重がかかって、前傾をキープしてフィニッシュです。これができずに起き上がってしまう人がとても多いです。右足に力が入りすぎていると、身体が動かなくなり、横に移動してしまったり、フィニッシュで身体が回らなかったりという形になってしまいます。

　構えの時点でお尻やハムストリングに張りがあって足の裏で地面を押さえつける感覚があれば、正しく力を入れたスイングが可能になります。

1

お尻やハムストリングに張りがあって
足の裏で地面を押す感覚

2
軸を保ったまま力強く
スイングする
3
4
足は固定していても膝やお腹、
腕は動いている

6

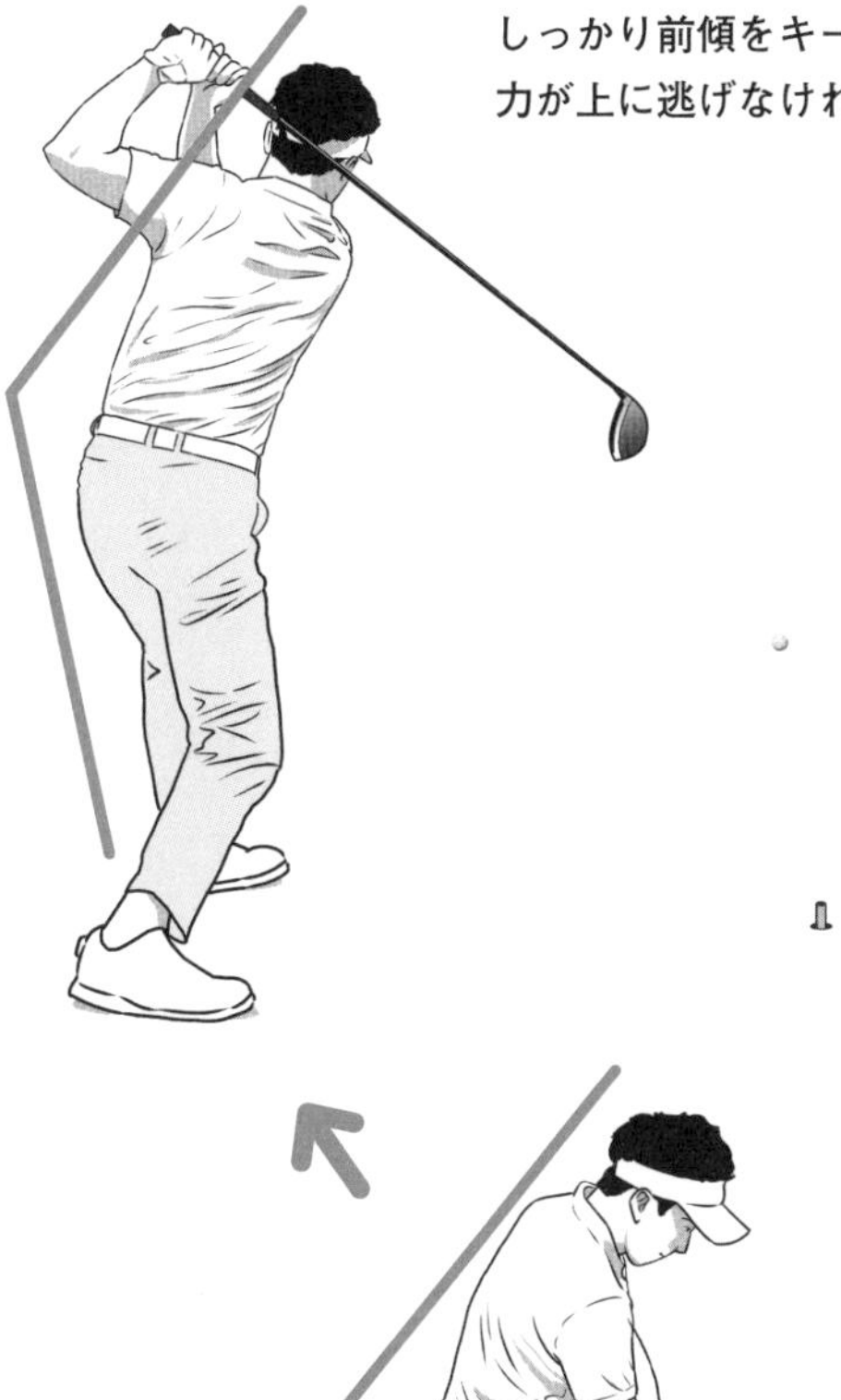

しっかり前傾をキープしてフィニッシュ。
力が上に逃げなければOK

5

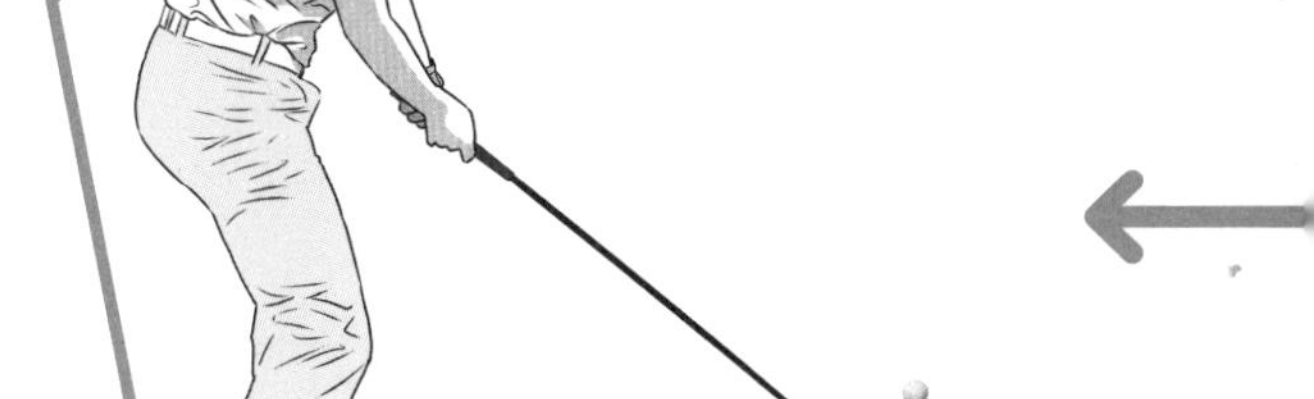

身体が起き上がらないように

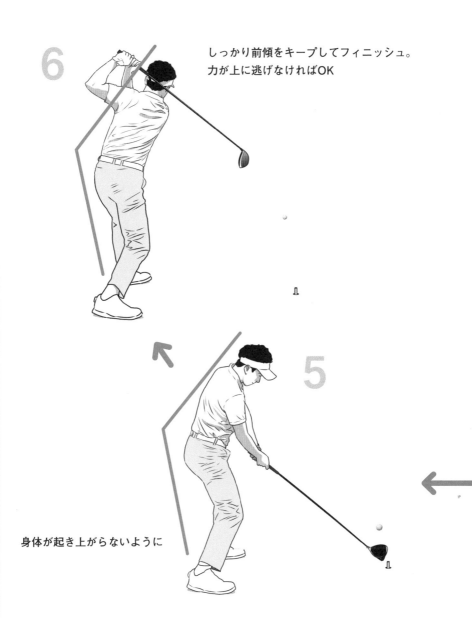

身体が起き上がってしまうのはNG

右に体重が乗った状態でスイングすると、身体が回らずに起き上がってしまうので注意。力を上に逃がさないでスイングするのは苦しいが、正しく力を入れる感覚を身につけよう

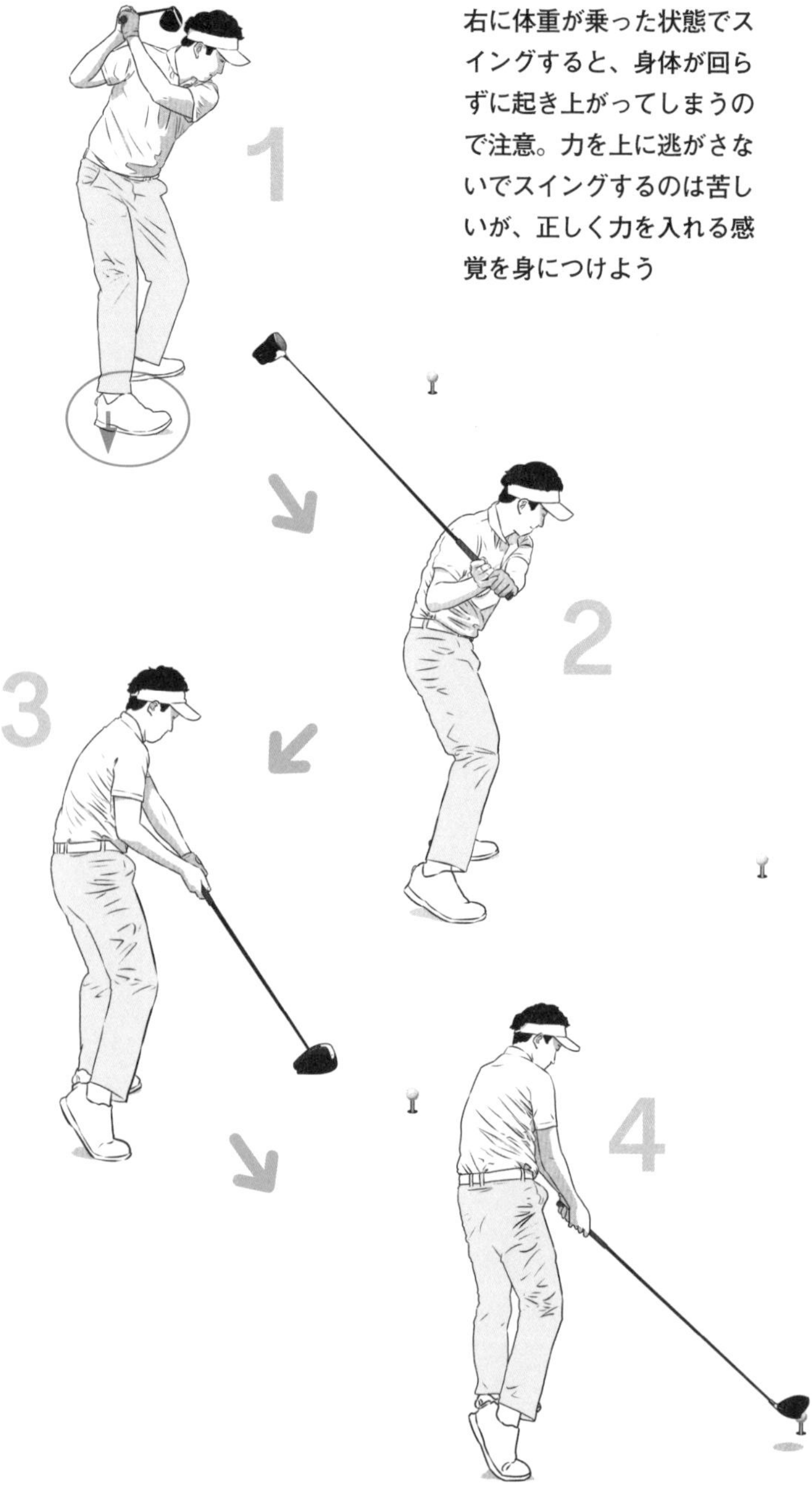

第6章

飛ばしのための適正クラブチェック

第6章
適正クラブチェック
—
1

10項目から適正クラブをチェック

スイングが変わったらクラブも変えるべき

ゴルフにとってクラブ選びはとても重要です。ただし、道具に頼っていい場合と、道具に頼るとスイングが変わらないという場合があります。その見極めはしっかりしないといけません。

たとえば初心者の方で、ボールがどうしてもスライスしてしまうという方がいます。そうした方がスライスしたくないという理由で、クラブを変えるケースもあります。ボールがつかまりやすく、絶対にスライスしないようなクラブもあるので、初心者向けのスライスしないクラブを使えば問題は一時的に解決します。

ここで注意しなければいけないのは、自分の動きを直さなくてもよいという発想になってしまうこと。それではいつまでたっても最大効率スイングに近づくことはできません。

一方で、スライスしないクラブを使っている人が上達していくと、感触はいいのに左につかまったボールが出すぎて、曲がることが多くなるというケースがあります。

これはスイングの問題ではなく、クラブの問題です。上達してしっかりとボールをつかまえるスイングができるようになり、スライス防止のクラブを使う必要がなくなったということです。

自分のスイングが変わってきたにもかかわらず、アンダースペックのクラブを使い続けていると、よいスイングをしてもよい打球が飛ばないのです。それを無理に修正しようとしたら、悪いクセをつけることにつながりかねません。こうしたときは、フィッターさんやプロに相談して、自分に合ったクラブに変えることをオススメします。

一例をあげましたが、クラブを変えたほうがよいのではないか？という予兆はほかにもあります。左ページにはドライバーに関して10個のチェック項目をあげました。当てはまるかどうかチェックして、104ページ以降の解説を参考にしてください。

適正クラブチェックリスト（ドライバー）

以下の項目で４つ以上当てはまる人は、フィッティングを受けて、
クラブを選び直したほうがよい可能性があります。

- □ **Check 1** 構えたとき、またはスイング中に「重い」、もしくは「軽い」と感じる。
- □ **Check 2** 切り返しで「しなり」を感じない。
- □ **Check 3** 左に曲がる球が多い。
- □ **Check 4** 打った瞬間から右に出てそのまままっすぐ飛ぶか右に曲がっていく。
- □ **Check 5** ミスショットをした際の傾向で以下の３つ以上が当てはまる。
（スライス・フック・テンプラ・ダフり・トップ・チョロ）
- □ **Check 6** 10球打って、芯に当たるのが3球以下。
- □ **Check 7** 芯に当たったときの感触がわからない。よい当たりの際に気持ちよさがない。
- □ **Check 8** 打った球が低すぎてほかのクラブと落ちどころ（キャリー）が変わらない。
- □ **Check 9** 以前よりも飛距離が落ちてきた。
- □ **Check 10** 以前と比べ球筋が変わってきた。

Check 1

構えたとき、またはスイング中に「重い」、もしくは「軽い」と感じる。

クラブの重量の違和感はリズムを崩す原因となる

クラブが重い、あるいは軽いと感じるのは、スイングテンポに関わってきます。

軽いとスイングが速くなりすぎたり、逆に重いと安定せずに腕の力で切り返しをしてしまったりと、スイングのリズムを崩す原因となります。

元々は感じていなかった違和感が発生したということは、現在の自分と使用しているクラブがフィットしていないということです。シャフトが長すぎたり、重すぎたり、何らかの問題があることを頭に入れておきましょう。

Check 2

切り返しで「しなり」を感じない。

シャフトは少したわむくらい

シャフトが柔らかいと、しなり幅が大きくなるため、ヘッドスピードが上がって飛距離が伸びる場合があります。しなりをまったく感じないとしたら、シャフトが硬すぎる可能性があります。

スイングが速く、ヘッドスピードが速い人の場合は、シャフトが硬いクラブを使っていても問題ありませんが、そうではない場合は、しなりを感じるクラブを使用したほうがよいでしょう。

切り返しではわずかであれシャフトが少したわむ感覚があると、テンポが取りやすく理想的です。

もちろん、クラブではなく、スイングに原因がある可能性もあり、ここだけでクラブを変える判断はできませんが、ほかの項目と合わせてチェックしてみてください。

Check 3

左に曲がる球が多い。

打球が変換される アンダースペックのサイン

左に曲がる打球が多くなったという人は、アンダースペックのクラブを使っている傾向があります。

シャフトがしなりやすかったり、ボールがつかまりやすいヘッドだったり、初級者向けのクラブを使っていると、本来はまっすぐ飛ぶはずの打球でも、左に曲がっていくような打球に変換されてしまう場合があります。

初級者向けのスライス防止のクラブを使っていて、だんだんと上達してくると、このような傾向が見られます。自分の動きやスイングが変われば、今まで合っていたものが合わなくなってきます。左に飛ぶボールが多くなったら、アンダースペックのサインの可能性があると思ってください。

Check 4

打った瞬間から右に出て そのまままっすぐ飛ぶか 右に曲がっていく。

オーバースペックの 可能性あり

Check 3とは逆にボールが右に飛んでいく傾向が強い人は、オーバースペックの可能性があります。

シャフトが単純に硬すぎたり、ヘッドのつかまりがあまりよくないモデルだったり、あるいはロフトが少ないモデルということが考えられます。実際の力量よりオーバースペックのクラブを使っていると、こうした傾向が見られます。

Check 5

ミスショットをした際の傾向で以下の3つ以上が当てはまる。（スライス・フック・テンプラ・ダフリ・トップ・チョロ）

いろいろなミスが出るのはクラブが合っていないから

　これはいろいろなミスショットが出てしまうということで、ミスの傾向が定まっていない人は、クラブを変えたほうがいい可能性があるということです。

　たとえば、何度打ってもスライスが出る、あるいは、いつもフックの打球が多いというように、決まったミスが出る人の場合は、どこに問題があるかを見つけやすく、解決もしやすいことがあります。

　一方で、今日はスライスが多い、次の練習ではトップが多い、今度はダフリが多いというように、いろいろなミスが出てしまう人は、クラブそのものに問題があり、重さやスペックが合っていないと考えられるのです。

Check 6

10球打って、芯に当たるのが3球以下。

シャフトが合っていないと芯に当たらない

　初心者の方がなかなか芯に当たらないということはあります。芯に当たる、当たらないというのが技術面の問題もありますが、練習を積んで素振りのスイングがよくなってきているのに、実際打つと芯に当たるのが1～2回という方は、シャフトが合っていない可能性があります。

　シャフトの硬さによって、クラブのしなり方は違うため、ヘッドスピードが変わってきます。これが適正ではない場合は、どうしても芯に当たる確率が低くなってしまいます。

　全然芯に当たらないという方は、クラブの見直しを考えたほうがよいでしょう。

Check 7

芯に当たったときの感触がわからない。よい当たりの際に気持ちよさがない。

フィーリングがぼやけるのはクラブが合っていない可能性あり

自分のスイングができて、いい当たりをしているのに気持ちよさがない。あるいは芯に当たったときの感触がわからないという場合も、クラブに問題があると考えられます。

芯に当たった感触、気持ちよさというのは、方向性やインパクトのフィーリングに直結してくる部分です。この感覚がぼやけてしまっているということは、よいことではないので、クラブが合っていない可能性があります。

しっかりと芯の感触がわかる、よい当たりをしたときには気持ちよさがある、そんなクラブを使用しましょう。

Check 8

打った球が低すぎてほかのクラブと落ちどころ（キャリー）が変わらない。

打球の上がり方はクラブの性能で変わる

打球の高さはクラブの性能によって変わってきます。クラブヘッドのモデルや、シャフトによって上がり方は違います。

打球が常に低いという傾向になっているとしたら、スイング的な要素もありますが、クラブ自体がボールが上がりづらいスペックになっている可能性があります。

一番わかりやすい例でいうと、ユーティリティで球が上がらないなら、ウッド型にしたほうがよかったり、アイアン型でも少し重心が低いポケットキャビティを使ったほうがボールが上がりやすかったりということがあります。

Check 9

以前よりも飛距離が落ちてきた。

上達すれば飛距離は伸びるクラブが合わなくなっている

上達してスイングがよくなっていけば、飛距離は自然と伸びていくものです。ところが同じように打っていても以前より飛距離が落ちていると感じたら、クラブに問題があると考えていいでしょう。

練習をしてスイングが変化していく中で飛距離が落ちていくということは、回転数が変化してきた可能性があります。あるいは高さが変化してきた、つまり、使っているクラブが合わなくなってきたことが原因かもしれません。

Check 10

以前と比べ球筋が変わってきた。

よい球筋の変化はOK以前は出なかったミスは危険

スライスが出やすかったのが、フックが出やすくなった。逆にフックから始まっていたけど、スライスが出やすくなってきた。こうした飛び方の変化はスイングよりも、クラブが原因の可能性があります。

自分のスイングが変化してくる際に、球筋がいい方向に変化するのならばよいのですが、以前は出なかったミスが出るようになっているとしたら、クラブが合わなくなっているのかもしれません。

スイングの変化に合わせてクラブを変えるときは、自分の感覚だけで決めず、専門家に見てもらったほうが安心です。

第6章
適正クラブチェック
2

4つ以上当てはまったらクラブを変えるタイミング

どこに目標を置くかでクラブ選びは変わってくる

自分に合ったクラブを見つけていくことは、飛距離を伸ばしていくうえで大事なことです。とはいえ、最初から自分に合ったクラブ、自分の適性を見極めるというのは、かなり難しいと言えます。

最初にクラブを選ぶ際に、どこに目標を置くかによっても、クラブ選びは変わってきます。

100%クラブに助けてもらおうというコンセプトであれば、当然、初心者向けの扱いやすいクラブになります。

逆に今扱えるクラブの中で上達を目指そうというのであれば、ミスショットをしたときに補ってくれるクラブではなく、よいスイングをしたときにナイスショットが出るクラブをチョイスするようにします。基本的にどんなクラブでもミスをカバーしてくれるのですが、モデルによってその度合いが違ってくるのです。

たとえば普段まっすぐに飛ぶようなスイングをしている私が、優しすぎるモデルで打ってみると、ボールをつかまえやすいので、よいスイングをしてもボールは左にしかいかなくなってしまいます。まっすぐ飛ばすためには、少しスライスが出るようなう動きをしなければいけません。

結果的にはまっすぐ飛んだとしても、これではクラブによってスイングを崩されてしまっています。

動きが変われば適正クラブも変わる

上達を目指して練習をしている方なら、スイングは変わっていくので、今まで合っていたクラブが合わなくなったり、逆に合わなかったクラブが合う可能性があります。自分のやりたい動きができるようになってきたり、出る球筋が変わってきたりしたときは、果たしてクラブはこれでいいのか?というチェックをしたほうがいいでしょう。

練習量が多い人ほど動きが変わっていくので、クラブを選び直さなければいけないタイミングが多くなっていきます。

クラブの変え時とわかったらなるべく早いタイミングで

今回、紹介した10個のチェックポイントのうち、4つ以上当てはまった方は、クラブを変えてもよいタイミングだと考えられます。

人によってはひとつでもクラブを変えてよい結果になる人もいますが、ひとつ、ふたつの場合は、スイングの問題とも考えられます。4つ以上当てはまる人は、クラブを変えたほうがよいのは、ほぼ間違いないと言っていいでしょう。

クラブを買い替えるのはお金がかかるので、ポンポン買い替えられるわけではなく、人それぞれタイミングがあると思います。遅かれ、早かれ、そのタイミングがくるとしたら、変化を感じた段階でできるだけ早いタイミングで変えることを推奨します。そのほうが悪いクセをつけることなく、新しいスイングと適したクラブでゴルフができるので、スコアに直結してきます。

スイングとクラブ両方のパフォーマンスを上げる

いろいろな方のレッスンをしていると、絶対にクラブを変えないというこだわりを持っている人もいます。「このクラブでうまくなりたい」という考えを否定するつもりはないのですが、現在はいろいろなクラブがあって、自分に合うクラブを使えば、確実にパフォーマンスは上がります。

ゴルフのレベルを上げていくためには、自分自身のスイング、そしてクラブと、両方のパフォーマンスを上げていかなければいけないことを理解していただきたいと思います。

自分の動きが変われば、クラブも変わるものだという認識を持っておきましょう。

第7章

もっと飛ばすためのトレーニング&ストレッチ

第7章
トレーニング&ストレッチ
1

筋肉の質を変えるストレッチでケガ予防&パフォーマンスアップ

飛距離アップに不可欠な自身のポテンシャルアップ

飛距離アップというテーマにおいては、フィジカル面の強化や、コンディショニングが必要な方もいます。スイングの効率がよくなり、スピードもついてきて、さらに飛距離を伸ばしたいとなったら、次は自分自身のポテンシャルを上げていく必要があります。

身体の動き、関節の可動域を広げるためのストレッチや、筋力アップのためのトレーニングを取り入れることも大事になってきます。

日常生活の中では、無意識に身体が緊張していることがあります。デスクワークでパソコンに長時間向かっていたら、肩が上がって身体が固まってしまっている人も多いと思います。

普段から身体が緊張しやすい人は、クラブを持とうとする前から緊張してしまっているので、それではよいショットは打てません。日頃から身体の力を抜くことを意識するようにしましょう。

肩や首は意識して動かさないと、どうしても固まってきます。私の場合、普段歩いているときや仕事中でも、意識して肩甲骨を動かしています。ちょっとしたことでも継続していけば、必ず変化はあるはずです。

筋肉がしっかり伸びればパワーを発揮できる

筋肉は伸びれば伸びるほど、特性として縮むときに力が発揮されます。肩甲骨、お尻、ハムストリング、股関節など、どの部分に関しても、しっかり伸ばしたり動かしたりすることができれば、それだけパワーを発揮できるということです。

可動域が広がることによって無理せず身体が回るようになると、手でクラブを上げることなく、身体でできるようになります。スイングは大きい筋肉で動かせたほうが、より精度は高いものになっていきます。そうした面からも、ストレッチによる柔軟性の向上が大事であることがわかります。

お尻やハムストリングが硬いと、日常生活でも腰痛につながってきます。また、歩いていても腰が張ってきて、疲れやすくなります。ラウンド中にすぐに疲労を感じる方は要注意で、パフォーマンスの低下を招きかねません。

私の場合、パフォーマンスアップ、ケガ予防という両方の観点からストレッチをおこなっています。筋肉が硬くなると、余計なところに力が入ってきて、上体や手で打ってしまうなど、パフォーマンスの部分に直結してきます。

練習を頑張るのと同様に身体のメンテナンスを頑張る

現在のスポーツ界では、身体のケア、身体づくりの重要性が科学的に

肩のストレッチ一例

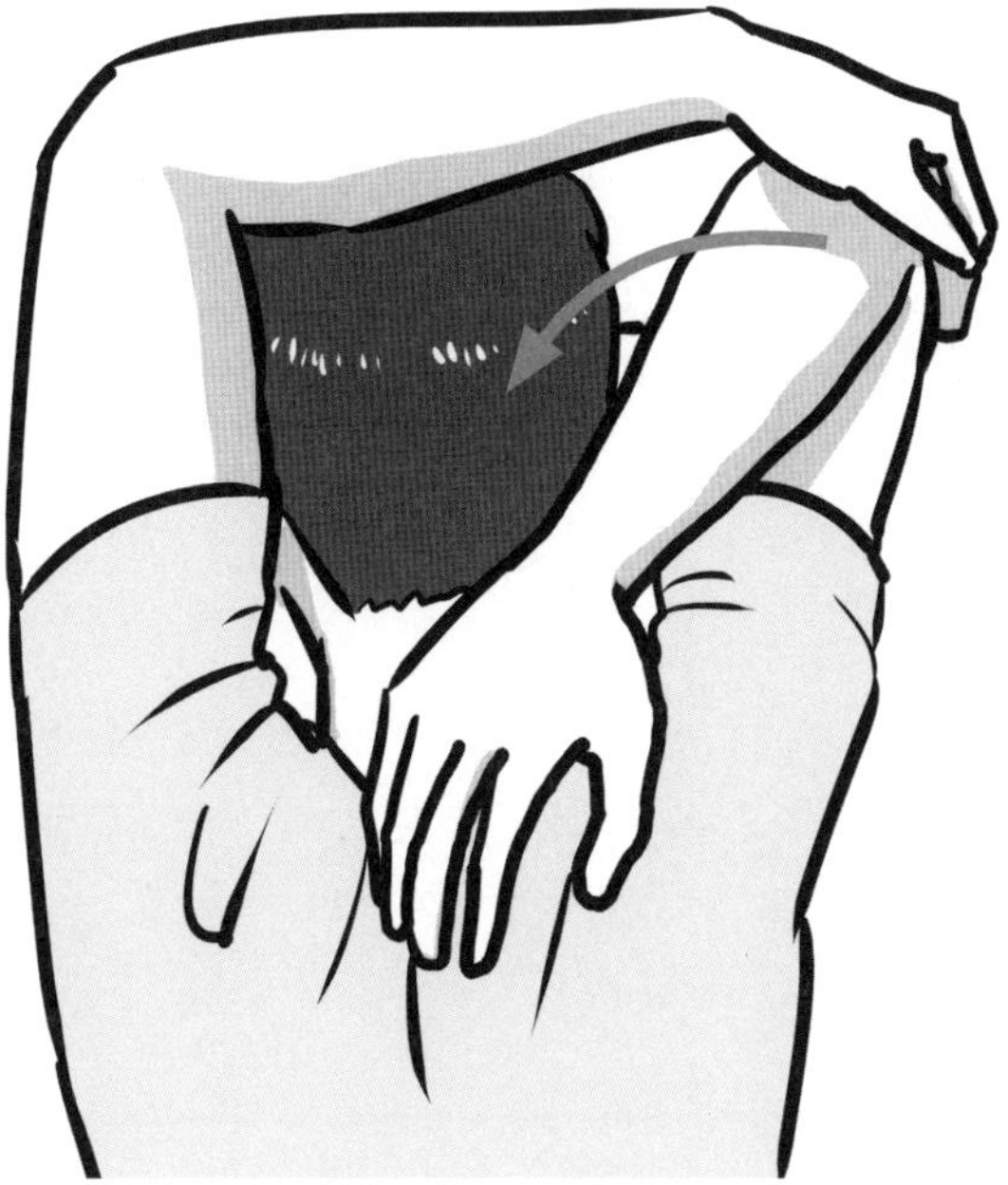

両腕を頭の後ろへやり、片腕の肘を反対側の手でつかんで下に引く

も証明されています。

ひと昔前のゴルファーは、ストレッチをしたり、フィジカル系のトレーニングをしたりする選手はほとんどいませんでした。しかし、今はほとんどの選手がトレーニングやストレッチを取り入れています。それだけ欠かせないものだということです。

プロですらフィジカル面の強化や、ケアをしないと上のレベルにいけないわけですから、アマチュアの方でも、今よりも上を目指すというなら、ストレッチやトレーニングが必要だということは理解できると思います。

ゴルフが上達したい方は、練習を頑張っているでしょう。だとしたら、身体のメンテナンスも同じように頑張りましょうというのが、今の時代なのだと思います。

ハムストリングのストレッチ一例

一方（イラストは右）の足の裏を反対の脚の太もも内側につけ、脚を「6」の形にして、前屈していく。左右両方おこなう

自分だけでできない部分には

パートナーストレッチも有効

ストレッチのタイミングは人それぞれです。私の場合、練習前におこなうアップとしてのストレッチは、わりと軽度なものにしています。

アップのタイミングよりも重視しているのは、練習後のストレッチと、お風呂上りの身体が温まった状態でのストレッチです。

2〜3日ストレッチをしないと、「ちょっと硬くなってきた」と感じるので、お尻やハムストリング、肩甲骨といった部分のストレッチは、お風呂上りに10〜15分かけて毎日おこなっています。伸ばす時間は15秒くらいで、ゆっくり伸ばしています。

自分でのケアはもちろん、人に

お尻のストレッチ一例

一方の足（イラストは左）のくるぶしをもう片方の脚の膝に乗せ、すねの部分と床が平行になるようにしてお尻の筋肉を伸ばす。左右両方おこなう

協力してもらっておこなう、パートナーストレッチも効果的です。

お尻やハムストリングなど、下半身に関しては自分ひとりでできるストレッチが多いのですが、部位によって自分だけではできないような動きのストレッチもあるので、身体の質、筋肉の質を変えていく、改善していくという部分では、パートナーストレッチはとても有効です。

アマチュアゴルファーの方の年齢層は平均的に40～50代だと思います。身体が硬くなりやすい年齢なので、長くゴルフを続けるためにも、パフォーマンスを上げるためにも、ストレッチを積極的に取り入れてください。

股関節のストレッチ一例

足の裏同士を合わせて、両膝の外側が床につくように倒す。身体を前屈させると、さらにストレッチすることができる

ゴルフに必要なトレーニング

筋トレを始める前に まずは日常生活から

足腰や体幹を鍛えることは、アドレスの安定感やスイング中のパワーアップ、またはラウンド中の疲労軽減にもつながってきます。ゴルフではどんな筋力が必要なのか、どこの筋肉を使っているのかということを理解しつつ、筋力トレーニングをおこなっていくとよいでしょう。

私自身、30歳をすぎてからは、ラウンドをしていく中で体力の低下を感じることがありました。それまでは筋力トレーニングはしてこなかったのですが、SIXPAD《シックスパッド》さんとのタイアップをきっかけに、トレーニングを始めました。

ラウンド中、身体が疲れてきたり、筋肉が疲弊してきたりすると、単純にミスが出やすくなります。パフォーマンスを落とさないことをテーマにトレーニングを続けてきた結果、後半にスコアが崩れるという課題は改善されてきたと思っています。

本格的なトレーニングの話をする前に、私が日常から心がけていることをお伝えします。

まずは歩いているときの姿勢です。お腹に力を入れて、常にかかとを少し浮かせてふくらはぎに張りを持たせるようにしています。階段を昇り降りするときも、母指球から着くような意識を持っています。これは日常生活でも、ラウンド時でも意識していることです。

これはゴルフスイングにもつながります。構えるときは力が入るリラックス状態が大事なので、体幹やお尻、ハムストリング、それを支えるふくらはぎには、しっかり張りを持たせます。これらの筋肉にすぐに張りを持たせられるようにするには、日々の積み重ねが大事です。

いきなりトレーニングを始めようと思っても、ほとんどの人が続かないので、まずはこうした日常生活でできるところから取り組んでみてください。普段から自分の中心を意識して歩いていると、スイングにも生きてきます。

フロントプランク

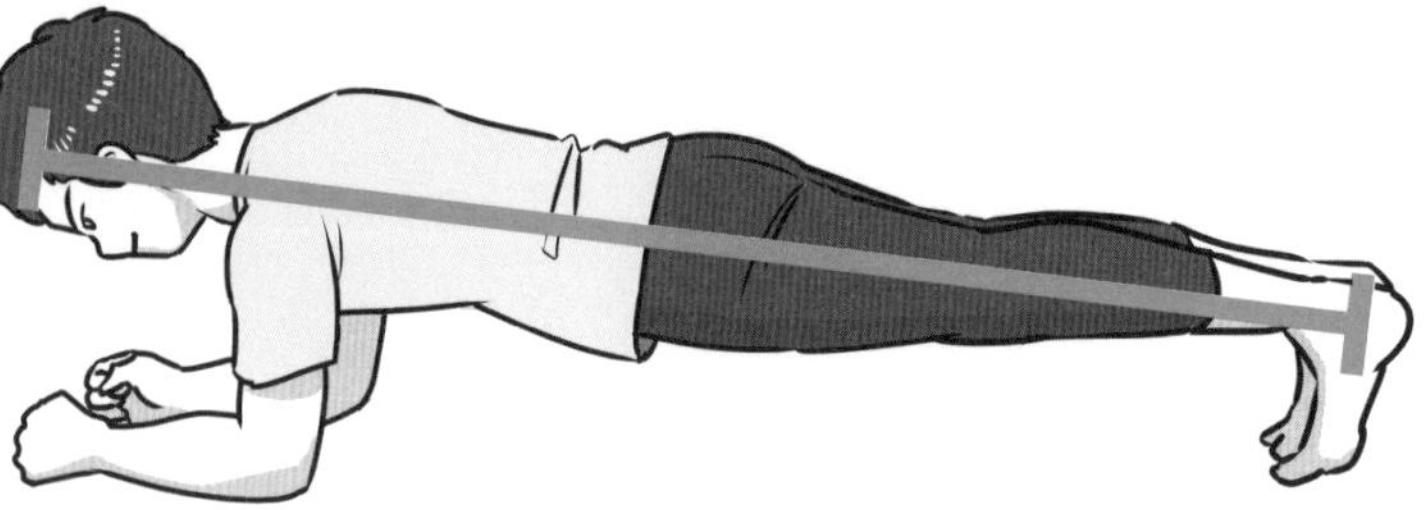

両脚を伸ばしてお腹を下に向け寝た姿勢から両腕は肩幅に広げて前腕とつま先で身体を支える。背中が曲がったり、お尻が上がったりしないように

サイドプランク

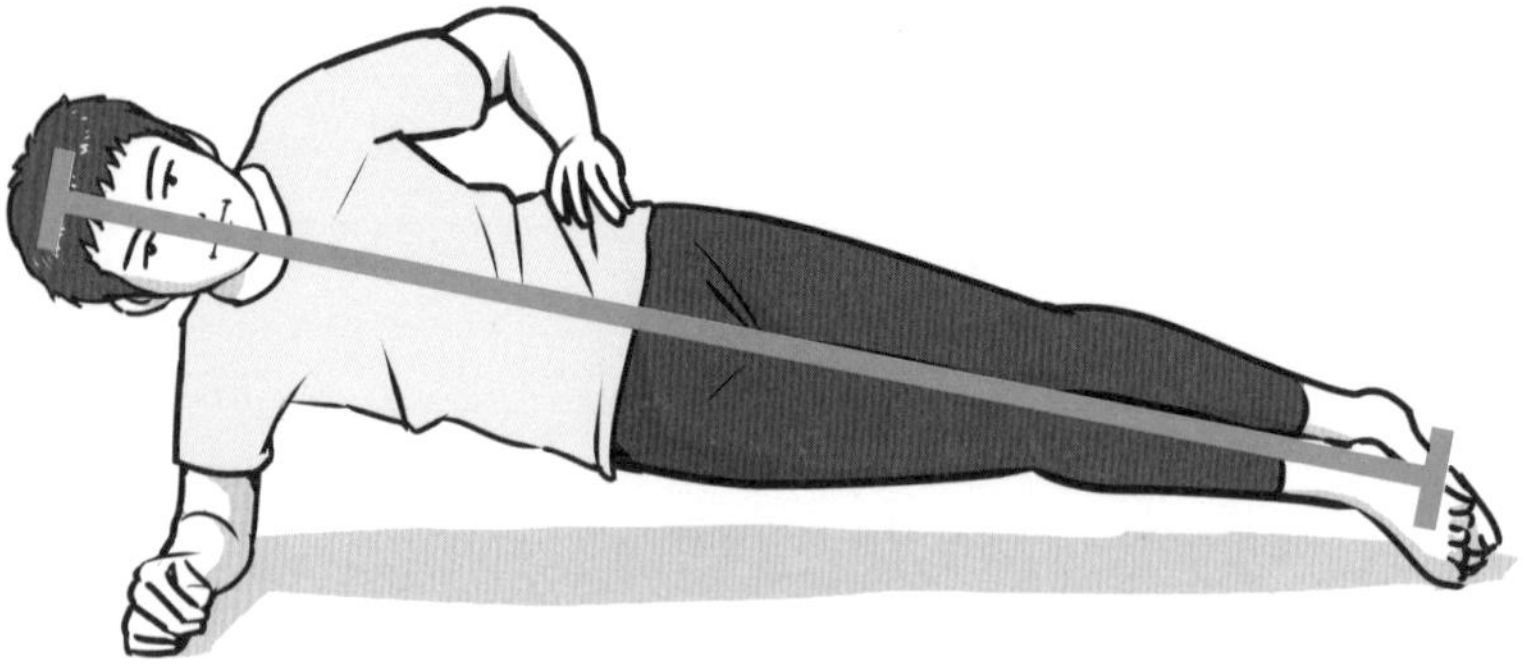

横向きになり、頭から足まで一直線にして片腕と足だけで身体を支える

ゴルフスイングのように股関節を回転させる

自宅の限られたスペースでできるトレーニングを紹介します。

脚を肩幅より広げて四股《しこ》を踏むような姿勢で骨盤から前傾していきます。この姿勢から右手で左のつま先をタッチ、左手で右のつま先をタッチという動作をおこないます。このときにできるだけ頭は動かさず、股関節と肩を下げてつま先をタッチしましょう。

骨盤から前傾しておこなうのが難しいという方は、最初のうちは高い姿勢で多少頭が動いても構わないので、股関節がゴルフスイングと同じように回転することを意識しておこないましょう。股関節、お腹まわりと脚全体の強化になります。

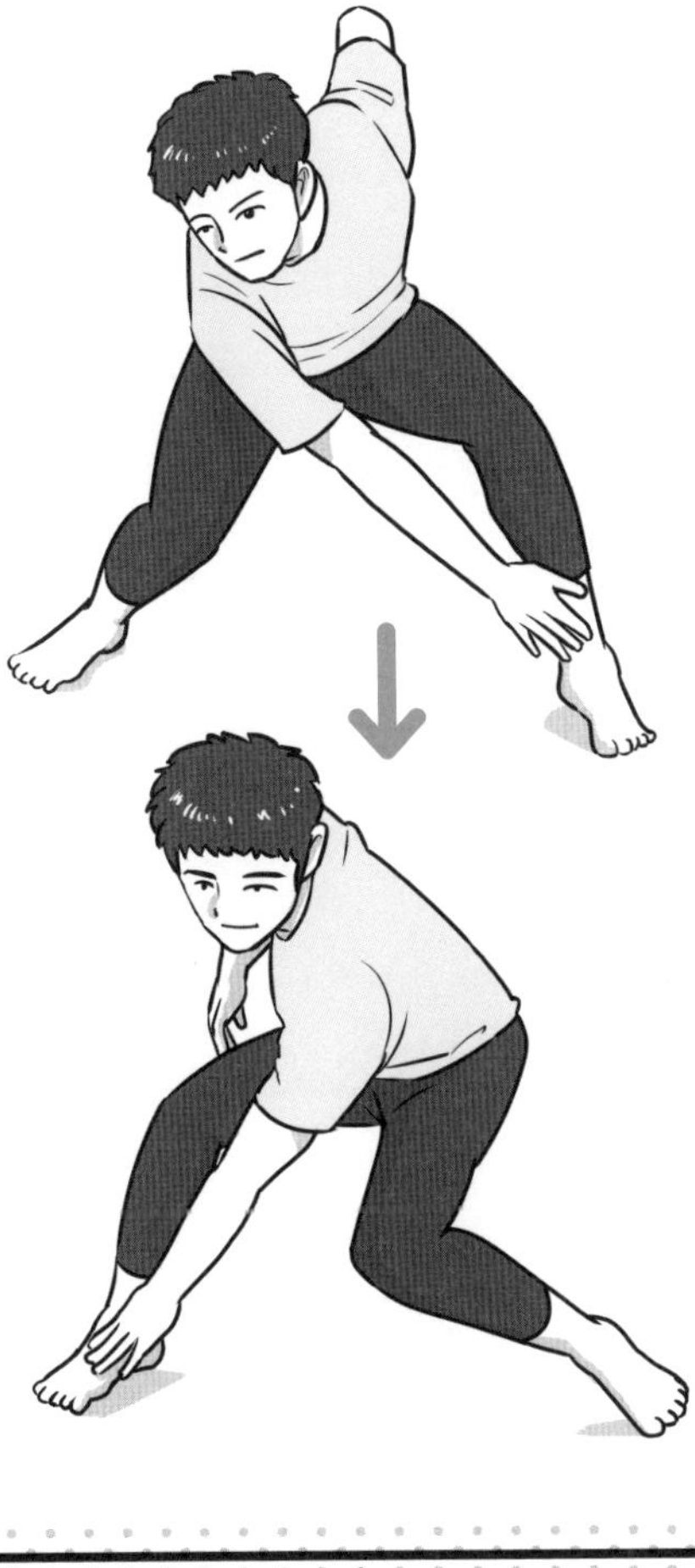

腰を落とすほど負荷は大きくなる

ウォーターウエイトを使ったトレーニング①

ウォーターウエイトを前に抱える

ウォーターウエイトを使用スイングの動きで体幹強化

続いてはウォーターウエイトという道具を使っておこなうトレーニングです。ウォーターウエイトの中には水が入っていて、動かしたときに中の水が動きます。その不規則な動きに抵抗することで、より体幹を鍛えることができます。

実際のゴルフスイングの動きに近い形で体幹を鍛えていきます。身体の前にウォーターウエイトを抱えて、アドレスのように前傾をつくって、右を向く、左を向くという動作を繰り返します。ゴルフスイングと同じで頭は動かさず、肩を動かしましょう。ゆっくり動かしても水の抵抗で体幹を鍛えられますが、速く動かすのがオススメです。最大効率スイングに欠かせないお尻やハムストリングを鍛えられます。

右を向いて→左を向くという
動作を20～30秒続ける。踏
み込む力を意識すると、より
ゴルフスイングに近づく

ウォーターウエイトは多様な使い方ができます。

頭の後ろに回して肩に担いで、左右に動かすだけでも体幹に負荷がかかります。

安定した飛距離アップを狙った下半身強化の場合は、肩にウォーターウエイトを担ぎながら、スプリットスクワットをおこないます。

スプリットスクワットにひねりを加えると、下半身と同時に体幹の強化にもつながります。自分の限界を超えてベースアップしていくためには、重いもので負荷をかけることは重要です。

大前提として、よいフォーム、効率のよいスイングを身につけること。それができて、自分の現状の筋力では限界がきたかなと思ったら、さらなる飛距離アップを目指すために、ぜひこうしたトレーニングを取り入

ウォーターウエイトを使ったトレーニング②

ウォーターウエイトを肩に担いで、脚を前に踏み込んでのスプリットスクワット

れてみてください。

　私自身、もっと飛距離アップしたいと思って、自分自身のキャパシティを超えたスイングに挑戦しなければいけないとなったときに、筋力のなさを痛感しました。そこからトレーニングを始めて、今までにないスピードと安定感を感じています。

　筋力トレーニングは、毎日おこなう必要はありません。個人差はあると思いますが、3日に1回くらいのペースでよいと思います。トレーニングの翌日は軽い筋肉痛になって、それが回復してきたらまたトレーニングをするくらいの頻度です。

　現在は情報があふれているので、トレーニングの動画を参考にしてもいいですし、より成果を求めるのであれば専門のトレーナーさんにアドバイスをもらうのがいいでしょう。

ウォーターウエイトを使ったトレーニング③

ひねって一瞬止まってから戻る。水の量によって重さを変えられるのもウォーターウエイトの便利なところ

おわりに

99%の努力と苦しさがあって1%の気持ちよさがある

練習場で打っていて一番楽しいのは、ドライバーショットが気持ちよく当たったときです。その気持ちよさは、プロの選手でも、読者の皆さんでも変わらないものだと思います。

本書のテーマは「飛ばすゴルフスイング」です。やはりドライバーショットが飛べば気持ちいいですし、スコアの部分で考えても、次の一打がより短い番手で打てるアドバンテージになります。飛ばすというのは、ゴルフにおいて一番快感と呼べる部分でしょう。

ただし、誤解してはいけないのは、気持ちのいいスイングと、よいスイングはイコールではないということ。そして、飛距離を手に入れるのは、簡単ではないということをわかってほしいと思います。飛ばすことをモチベーションにするのはいいのですが、そこに重きを置きすぎないように注意が必要です。

飛距離を手に入れていくこと、ボールを飛ばせるようになることには、すぐに成果を求めないのが大事です。新しいことを始める、新しいスイングをつくっていくのは、すごく大変で時間がかかることであり、根気強くやっていくべきことです。

大変なことではありますが、スイングが変わって成果が出たときには、絶対に「やってきてよかった」と思える瞬間がくるので、地道な努力を積み重ねていってください。

ゴルフクラブという特殊な道具を正しく扱うのは、一朝一夕にはできません。スイングは急にはよくならないのです。

ゴルフがもっとうまくなりたいと考えて、本書を最後まで読んでくださった皆さんには、最大効率スイングの実現に必要なことがご理解いただけたと思います。

ゴルフは、言ってみれば修行のようなものです。上達しようと思ったら、修行が必要なのです。ゴルフは99%の努力と苦しさがあって、はじめて1%の気持ちよさがあります。たとえ、練習やスイングづくりは大変だったとしても、うまくなればゴルフは今よりももっと楽しくなります。本書を参考に、根気強く、スイングの改善に取り組んでみてください。

菅原大地

菅原大地

Daichi Sugawara

1989年生まれ。プルーフコーポレーション所属。日本プロゴルフ協会ティーチングプロA級、ジュニア指導員。19歳でゴルフを始め、わずか4年でティーチングプロ試験に合格。横浜の練習場・ハンズゴルフクラブを中心にレッスンを行い、丁寧でわかりやすい指導と独自の理論や練習法で4歳〜80歳代まで老若男女問わず数多くのゴルファーを上達へと導く。個人レッスンは満員、スクールのキャンセル待ちは1年以上と絶大な人気を誇るティーチングプロに成長。YouTube『Daichiゴルフ TV』は登録者数41万人超（2023年1月時点）。

構成・編集　佐久間一彦（有限会社ライトハウス）
ブックデザイン　黄川田洋志、井上菜奈美（有限会社ライトハウス）
イラスト　カネシゲタカシ（テクノカットスタジオ）
撮影　長谷川拓司
校閲　星野有治（有限会社ライトハウス）
協力　株式会社プルーフコーポレーション

【撮影協力】
万振りゴルフ部STUDIO
東京都台東区西浅草2丁目27-3　藤田商事ビル2階

完全《かんぜん》図解《ずかい》! 飛《と》ばすゴルフスイング

2023年2月24日　初版発行

著　者　　菅原《すがわら》 大地《だいち》

発行者　　山下 直久

発　行　　株式会社 KADOKAWA

〒102-8177
東京都千代田区富士見2-13-3
電話 0570-002-301（ナビダイヤル）

印刷所　　凸版印刷株式会社

●お問い合わせ
https://www.kadokawa.co.jp/ （「お問い合わせ」へお進みください）
※内容によっては、お答えできない場合があります。
※サポートは日本国内のみとさせていただきます。
※Japanese text only

定価はカバーに表示してあります。

ISBN 978-4-04-606036-5　C0075